O DESPERTAR DE UMA NOVA CONSCIÊNCIA

Joy Mills

O DESPERTAR DE UMA NOVA CONSCIÊNCIA

Idéias centrais de "A Doutrina Secreta"

Tradução
Ieda Pezzi

Editora Teosófica

Título do Original em Inglês:
LIVING IN WISDOM
Edição Inglesa, 1989
Theosofische Vereniging in Nederland
Amsterdam

Edição em Português
1993, Editora Teosófica

EDITORA TEOSÓFICA, Sociedade Civil
SGAS, Quadra 603 – Módulo 20
70 200-630 – Brasília-DF, Brasil
Tel.: (061) 322-7843
Fax: (061) 226-3703

Capa: Nadja Lemos Nogueira
Composição/Diagramação: Marcelo Tutida
Equipe de Revisão: Osmar de Carvalho, Jane Dullius, Zeneida Cereja da Silva

A capa e o seu significado: "Um manuscrito Arcaico – uma coleção de folhas de palma tornadas impermeáveis à água, ao fogo e ao ar por algum processo específico desconhecido – está ante os olhos da escritora. Na primeira página está um disco branco imaculado dentro de um fundo negro opaco... [Isto] os estudantes conhecem como a representação do Cosmo na eternidade, antes de um novo despertar da Energia ainda adormecida, a emanação do Verbo em sistemas posteriores".

H.P. Blavatsky, *A Doutrina Secreta,* p. 71 ("Proêmio")

SUMÁRIO

Prefácio à Edição Brasileira 9

1. *A Doutrina Secreta*: despertando uma nova maneira de pensar 13

2. As origens de *A Doutrina Secreta* 25

3. Os mitos da criação e a cosmogonia oculta 37

4. A teia viva de significado 59

5. O mito das origens e do desenvolvimento do homem 77

6. Ser e responsabilidade: a ética de *A Doutrina Secreta* 97

Prefácio à Edição Brasileira

Este é um livro que traduz para a atualidade muitas das idéias-chaves de *A Doutrina Secreta* de H.P. Blavatsky. Joy Mills comenta de forma geral a estrutura e conteúdos dos volumes e apresenta várias relações entre passagens presentes na obra e apreciações de pensadores contemporâneos como C.G. Jung, J. Krishnamurti, R. Sheldrake, F. Capra, H. Guenther, além de outros como Sankara, Pitágoras, Platão e Nagarjuna. Assim, o texto é rico em comentários esclarecedores a citações da própria obra bem como ao *Bhagavad-Gita,* aos *Upanishads,* a escritos gregos e de pesquisadores modernos. Realiza uma avaliação da situação atual do mundo, pois "as circunstâncias externas são um reflexo claro do estado interior da consciência da humanidade".

Temos aqui a compilação das palestras dadas pela autora em um seminário intitulado: "*A Doutrina Secreta;* Fonte Atemporal de Inspiração", ministrado em Naarden, na Holanda, de 6 a 12 de agosto de 1988, promovido pela Sociedade Teosófica em comemoração ao centenário de publicação desta obra de H.P. Blavatsky.

É apresentado um estudo sobre suas origens e sobre sua tentativa de apresentar a Doutrina Secreta, a Sabedoria Eterna, relacionando algumas idéias freqüentes em textos de diversas culturas, tanto orientais como ocidentais. São dadas explicações sobre termos utilizados em várias tradições, feitas incursões em conteúdos da Vedanta, do Budismo, do Graal, do Cristianismo, do Hinduísmo. Também são apontados símbolos em textos do Egito, escandinavos, judaicos, chineses, islâmicos, em lendas de tribos nativas da América e da Oceania, e relacionadas muitas passagens históricas.

Vários mitos e seus significados cosmológicos e antropológicos são comentados comparativamente, baseados na Doutrina Secreta. A autora faz observações sobre as diferentes funções dos mitos e tece comentários à simbologia desses, correlacionando-os com fatos do nosso viver diário. Explana a respeito de princípios universais que regem a existência e que estão presentes na linguagem mitológica - são motivos arquetípicos, como a polaridade, os mistérios, o despertar, o símbolo do ovo, o sacrifício etc.

Neste texto há um interessante estudo analisando alguns dos grandes conceitos metafísicos relativos à origem e ao desenvolvimento do Universo e do Homem, em seus diversos aspectos, sempre ressaltando a totalidade. São dadas extensas explicações sobre a questão das raças e suas características simbólicas essenciais, sobre o despertar do Homem divino, o herói mítico.

A temática da Unidade Fundamental de toda existência – que atualmente é foco de pesquisas em diversas áreas das ciências – é abordada, referindo-se ao Universo como uma grande teia viva onde tudo e todos estão, de forma inexorável, interligados.

Há várias referências a situações contemporâneas e a trabalhos de pesquisa realizados por estudiosos da Física, Biologia, Antropologia, Sociologia etc. A autora relaciona Paradigma divino com a percepção da unidade de toda a vida e que este é um enfoque presente na mentalidade atual.

E todas essas informações coligidas conduzem à percepção de que há uma ética profunda, fruto da Lei de Unidade expressa pela Doutrina Secreta, que sustenta que todos são parte de uma irmandade, e que diversas manifestações existentes em cada cultura são apenas diferentes enfoques de uma mesma verdade. O objetivo deste trabalho é o de demonstrar que, para compreender-se a Doutrina Secreta, faz-se necessário o despertar da consciência. No final do texto a autora destaca: "Minha ênfase tem sido sobre o motivo central de que o que se exige é uma transformação da consciência humana. Não se trata apenas de uma nova maneira de pensar, embora ela esteja implícita, mas de um modo novo de estar no mundo. E isso significa que não estivemos falando simplesmente acerca de abstrações, mas sim sobre assuntos extremamente práticos".

No atual momento, a sociedade ocidental vive, em parte, este despertar que se fundamenta numa visão de mundo que contempla a totalidade como seu substrato. Assim, ela procura demonstrar que a compreensão desse nosso "estado de ser uno" nos levaria a "reconhecer a nossa profunda responsabilidade na solução das causas da miséria". Segundo Joy Mills, esta é uma tarefa realmente válida e "todo o propósito do notável trabalho de H.P. Blavatsky foi o de despertar uma nova maneira de pensar".

Com o objetivo de melhor orientar o leitor, o texto foi acrescido de notas por esta Editora e cuidadosamente revisado pela equipe.

A Editora

1

"A Doutrina Secreta": despertando uma nova maneira de pensar

Todos buscamos compreender a nós mesmos e ao mundo em que vivemos. Um dos princípios fundamentais da visão teosófica de mundo omitiria o 'e' dessa frase. Assim, quando digo que todos buscamos compreender a nós mesmos e ao mundo, o 'e' não está presente – nós somos o mundo. Isso nos introduz imediatamente a um ponto de vista, a um modo de ver o mundo que difere muito do estilo habitual com que a maioria das pessoas aborda o assunto. Eu gostaria de apresentar o tema do nosso estudo sugerindo que todo o propósito do notável trabalho de H. P. Blavatsky foi o de despertar uma nova maneira de pensar.

Ao concluir a primeira parte de sua obra maior, *A Doutrina Secreta*, H.P.B. escreveu: "É pouco provável que as mentes da geração contemporânea estejam completamente preparadas para receber a verdade oculta"[1]. Com certeza a mentalidade do século dezenove não estava completamente preparada – citando as palavras de H.P.B. – para a recepção das extraordinárias verdades que ela estava apresentando. Agora neste ano estamos comemorando o centésimo aniversário desde o surgimento

---

1 *A Doutrina Secreta*, vol. I, pág. 326. Todas as citações desta obra em português aqui contidas referem-se à edição da Ed. Pensamento, 1973. (N.E.)

daqueles volumes. E provavelmente ainda é possível fazer-se tal afirmação genérica. Estarão nossas mentes, e estará a mentalidade deste século, capacitadas a receber ou compreender as verdades apresentadas?

Realmente não pode haver dúvida quanto à influência das idéias que H.P.B. apresentou. Não apenas destacados pensadores, particularmente homens de ciência, tanto quanto líderes de outras áreas, examinaram os postulados apresentados em *A Doutrina Secreta*, mas certamente um número incontável de pessoas recebeu não só inspiração mas também uma compreensão mais profunda dos mistérios da vida a partir de uma leitura destes volumes.

Descrever o que está em *A Doutrina Secreta* é, com certeza, relativamente fácil, mas desenvolver o tipo de mente requerida para a compreensão destes princípios talvez não seja tão fácil. Podemos dizer simplesmente que estes volumes oferecem a metafísica da visão de mundo teosófica. De fato, existem muitas maneiras pelas quais poderíamos abordar uma espécie de visão geral do trabalho.

Antes de tudo, devemos reconhecer que os princípios enunciados nestes volumes foram passados não como uma forma definitiva de revelação, mas como verdades examináveis. Nisto, é óbvio, o estudo difere notavelmente da análise dos manuais comuns. Ao lermos um manual comum, podemos ficar absortos, ou no mínimo interessados nos princípios que estão sendo apresentados. Se, por exemplo, você ler um livro de Física contemporânea, um manual sobre Física, poderá aceitar muitas das premissas iniciais sem passar pelo complexo processo de testá-las. Para resumir isto numa expressão que freqüentemente usamos: não é preciso que cada geração reinvente a roda. Estamos satisfeitos por ela já ter sido inventada. Em meu escritório, tenho um computador e, embora de início eu pensasse ser velha demais para aprender a usá-lo, e que talvez pudesse encerrar com segurança esta encarnação tendo dominado com mestria uma máquina de escrever elétrica, logo descobri que poderia realmente utilizar o computador com grande vantagem para mim. Agora estou muito atraída pelas possibilidades de processamento de texto de um computador, porém não tenho a menor idéia de como ele realmente opera. E suponho existirem pessoas que sabem de verdade o que acontece por detrás daquela tela brilhante.

Mas o nosso estudo de *A Doutrina Secreta* é um tipo de estudo totalmente diverso. A possibilidade de que os princípios aqui propostos sejam testados e verificados não reside nas situações externas. A possibilidade de teste, a sua comprovação, deve repousar na transformação interna que pode ser produzida. Agora, obviamente, se nos fosse dado tempo suficiente, se tivéssemos a energia e o interesse e tudo o mais que é necessário, poder-se-ia coletar a evidência comprovadora de todas as religiões, filosofias, ciências, artes, cultos e mitologias do mundo, e desse grande volume de provas seríamos capazes de deduzir que existem certos princípios fundamentais ativos em nós mesmos e no Universo.

Mas o que *A Doutrina Secreta* indica é uma nova maneira de pensar, que não é simplesmente um conjunto de fatos. Na verdade, H.P.B. afirma muito claramente que a compreensão da doutrina oculta está baseada nas sete ciências. Temos que lidar com maneiras de pensar de sete planos de idealidade inteiramente diferentes. Ela então nomeia somente três destes planos e diz que cada texto relaciona-se, e tem que ser interpretado, a partir dos seguintes pontos de vista: o primeiro, ela denomina de plano de pensamento *realista*; o segundo, *idealista*; e o terceiro, o puramente divino, ou *espiritual*. E, então, afirma que os demais planos transcendem muito além da consciência mediana, especialmente da mente materialista, para admitir sequer que sejam simbolizados em termos da fraseologia comum. Na realidade, no segundo volume da edição original[2], ela nos fornece os meios pelos quais a interpretação e o entendimento podem ser obtidos, e mostra que ninguém atingirá realmente a sabedoria se não estiver iniciado ou desperto para uma nova maneira de pensar.

Eu gostaria de propor à sua reflexão que estes três modos de pensar relacionam-se com as faculdades que estão, realmente, latentes em nós, e que por não estarem totalmente despertas, a Doutrina é necessariamente "secreta". Significa dizer que até despertarmos uma maneira de pensar que ultrapasse os caminhos normais do nosso pensamento, não chegaremos à Doutrina. Para os que estiverem familiarizados com a termi-

---

2 Na edição em português, vols. III e IV. Veja-se, por exemplo, o capítulo inicial e a "Conclusão" de cada um desses volumes. (N.E.)

nologia teosófica habitual quanto aos princípios do homem, da constituição humana, eu sugeriria que esses três modos aos quais ela se refere são *manas* em sua pureza, *buddhi* em sua natureza essencial, e *Ātman* enquanto Princípio universal no qual estamos enraizados. De forma que o plano realista do pensamento é, na verdade, *manas* puro – quer dizer *manas* como reflexo da Consciência universal. O plano idealista é aquela iluminação que é *buddhi* – com demasiada freqüência traduzido simplesmente como "intuição". Não sei qual palavra se compara em seu idioma, mas o termo "intuição", em inglês, tem sido empregado em excesso. E, como eu digo freqüentemente para as platéias de língua inglesa: com a intuição, a ênfase parece estar no aspecto da volição. Ela se torna uma espécie de desejo, porém o que o termo "idealista" sugere, do modo como H.P.B. o emprega, tem a ver com a iluminação interior que é produzida por uma transformação da consciência. E a terceira maneira à qual ela se referiu, a essencialmente divina ou espiritual, deve, pois, relacionar-se com aquela Unidade original, quer dizer, a *Ātman* em sua condição original de não-diferenciação – aquela Fonte universal na qual cada um de nós é um ponto, se assim preferirem. Portanto, estas maneiras de pensar que podem ser despertadas em nós – e as quais eu sugeriria, encontram-se indicadas no terceiro objetivo da Sociedade Teosófica, aludidas como aquilo que deve ser investigado, examinado, na tentativa de ser compreendido – são, de fato, os poderes latentes em nosso íntimo e precisam, desta forma, ser ativados.

É devido a este modo de pensar que o método empregado na redação de *A Doutrina Secreta* nos fornece uma certa orientação[3]. Se posso dizê-lo assim, temos que ler este trabalho com o espírito do próprio livro. Compreender um Universo racional, organizadamente manifesto, não é o objetivo último de *A Doutrina Secreta*. Mas, obviamente, qualquer pessoa que tenha estudado esta obra reconhecerá que nos foi dado um modelo, ao qual me referirei mais tarde. Trata-se de um modelo que nos apresenta a racionalidade, a organização do Universo manifesto. Isso está presente em *A Doutrina Secreta*.

Na verdade, tudo nos é dado para criarmos o nosso próprio Universo, se assim o quisermos. E se você conhece o modelo, será capaz de criar um Universo manifesto de acordo com o seu gosto! Mas, naturalmente, a condição atual do mundo mostra-nos que ainda não aprendemos a criar um mundo ao nosso gosto. Ou, talvez, que o criamos ao nosso gosto somente para descobrir que ele não era como queríamos... Que nós, de fato, desejávamos possuir automóveis e computadores, queríamos ter conforto, e não nos preocupávamos muito se para tanto destruíamos florestas ou poluíamos a nossa atmosfera. Assim, agora temos que decidir se queremos criar um outro tipo de mundo, mas essa decisão apenas poderá ser tomada quando houver um outro tipo de mente atuando em nós. Conseqüentemente, o objetivo final, se posso dizer assim, é que temos de

3 A este respeito, leia-se *Fundamentos da Filosofia Esotérica*, Ed. Teosófica. (N.E.)

avaliar a fonte causal, inteligível, real, desse Universo aparente ou visível e descobrirmos que existe, de fato, uma nova maneira de pensar a caminho.

Dois problemas imediatos são inerentes ao nosso habitual estilo de pensamento ocidental e, é claro, devem ser enfrentados a fim de entendermos como devemos estudar *A Doutrina Secreta*. Uma certa mudança já está ocorrendo; entretanto, pelo fato de, no pensamento ocidental, a atenção concentrar-se nos fenômenos objetivos, tornamo-nos incapazes de analisar os movimentos subjetivos. Como uma conseqüência, aprendemos a definir categorias em tal medida que atribuímos uma "objetificação"[4] ao processo, e apreciamos identificar "coisas". Queremos enxergar tudo como sendo exterior a nós e, assim, tudo assume uma objetividade. Psicologicamente projetamos no mundo os nossos próprios sentimentos e pensamentos. Projetamos nas demais pessoas os nossos próprios apegos, os nossos próprios desejos, nossas próprias fraquezas. Levamos uma vida de projeções e não reconhecemos que nos engajamos nesse processo e que devemos, agora, transformar a nossa própria consciência a fim de trazer à tona aquilo que julgamos ser o melhor, ou mais pacífico, ou mais harmonioso.

Para superar estes problemas que têm sido inerentes ao pensamento ocidental, *A Doutrina Secreta* utiliza um método de exposição que é característico em todos os textos ocultos ou esotéricos. Desta forma, de-

4 No inglês: *thingness.* (N.E.)

vemos observar que, embora H.P.B. e seus Instrutores usassem uma linguagem disponível há um século atrás, o método de exposição sempre apontou para uma transformação da consciência. O estilo é conhecido no Oriente como método de *sutra*: o uso de um texto aforístico com comentários para causar uma transformação da consciência. A mensagem que está inserida nesse método de exposição é estranha para a maior parte dos ocidentais. Tem provocado algumas das dificuldades bastante reais com que os estudantes se defrontam, particularmente aqueles que se utilizam do que chamamos amiúde de mente racional.

Muito resumidamente a mensagem é clara: "Viva a vida se você quiser atingir a sabedoria". Isso é bastante estranho, porque, para a maioria dos ocidentais, compreender os processos racionais que trazem um Universo à existência não depende da adoção de um determinado estilo de vida! E, no entanto, ao lermos com muita atenção, é isso exatamente o que H.P.B. nos diz.

Isso foi declarado ainda mais explicitamente por seus Instrutores na correspondência com dois dos primeiros membros da Sociedade Teosófica. Na coleção de cartas publicadas, conhecida como *The Mahatma Letters to A.P.Sinett*, há uma afirmação muito clara. Um dos cavalheiros ingleses, Sr. A.O. Hume, considerava que, sendo ele um cidadão britânico bem educado, poderia organizar os ensinamentos da doutrina oculta e, de fato, ele realmente escreveu para um dos Instrutores-adeptos: "Por que você simplesmente não nos diz o que é a doutrina oculta e eu traduzi-la-ei em termos que sejam razoáveis, racionais e significativos para a mente ocidental?" O Instrutor-adepto responde que "parece, a partir de seu ponto de vista ocidental, que tudo que necessitamos fazer é escrever um manual de ocultismo". "Porém", disse ele, "isso não é o que sucede em nossas escolas (isto é, na tradição esotérica), pois a menos que o estudante esteja preparado para receber e compreender a verdade, ela simplesmente não se faz presente". Ninguém a está retendo, simplesmente o estudante não consegue entendê-la!

A seguir é dada esta declaração muito importante: "A iluminação deve vir de dentro". Esse método de exposição, que é planejado para despertar essa maneira de pensar que permite o surgimento da iluminação, é apresentado em *A Doutrina Secreta*. É por isso que eu digo que a mensagem de fato contida nesta obra é simplesmente: "Viva a vida se você quiser atingir a sabedoria".

Sabedoria obviamente difere de conhecimento. Sabedoria é uma total inteligência, um completo estado de conhecimento[5], no qual toda a atual existência do ser é a demonstração do seu conhecimento. É muito fácil apenas ler *A Doutrina Secreta* – pode não ser tão fácil, mas na verdade é muito trivial – simplesmente como um conjunto de fatos diversos; algumas vezes fatos muito desconcertantes! E, em certos casos, utilizando uma linguagem que pode nos parecer bastante estra-

5 No inglês, *knowingness*. (N.E.)

nha. Podemos dizer que é muito fácil abordá-la sob o ponto de vista de uma mente literal. Ao chegarmos ao segundo volume[6], que aborda a origem e o desenvolvimento do homem, tomamos em sentido bastante literal estes estágios de desenvolvimento progressivo da evolução, quer eles sejam ou não compatíveis com a ciência contemporânea. Porém, se quisermos que *A Doutrina Secreta* tenha uma significação realmente profunda para nós, somos incitados a ir além da interpretação literal. Todos estes estágios, por exemplo, ainda estão presentes em nosso íntimo: somos "Atlantes", somos "Lemurianos"[7] – somos o nosso próprio passado.

Eu sugeriria que abandonássemos todas as idéias preconcebidas acerca dos ensinamentos em *A Doutrina Secreta* e tentássemos, ao menos em certo grau, despertar uma outra maneira de encararmos esta obra. Em última análise, o que nos foi recomendado fazer é testar estes princípios em nossas próprias vidas. Sugestões e indícios nos são transmitidos através destes dois volumes[8]; pistas que irão despertar a intuição do estudante, que irão estimular o pensamento mais profundo e uma nova visão interior[9]. É realmente impossível ensinar-se alguém a ter sensibilidade à verdade, à ordem ou à beleza, mas uma verdadeira exposição aos princípios universais pode despertar esta sensibilidade.

---

6 Na edição em português, volumes III e IV. (N.E.)

7 Segundo *A Doutrina Secreta*, Atlante é a raça anterior à nossa presente quinta raça-raiz, e Lemurianos são os habitantes da terceira raça-raiz. Veja-se *Glossário Teosófico*, Ed. Ground. (N.E.)

8 Correspondentes aos quatro primeiros volumes da edição em seis tomos. (N.E.)

9 No inglês: *insight*. (N.E.)

São estes princípios que nos são apresentados, e, desta forma, somos levados a elaborar tanto os conceitos derivados dos princípios quanto as suas aplicações em nossas vidas.

Foi talvez o primeiro grande filósofo do mundo ocidental, Pitágoras, quem nos forneceu o próprio termo "filosofia"; ele tinha uma escola em Krotona, na Itália, e este nome foi dado ao nosso centro teosófico de Ojai, na Califórnia. Pitágoras referia-se a dois tipos diferentes de idéias: as que trazem em si uma determinada qualidade dinâmica que nos impulsiona, que são as "verdades primevas", verdades universais, auto-evidentes, uma vez compreendidas. Possuem a sua própria energia dinâmica a qual nos modifica. Depois, referia-se aos "conceitos" ou "constructos mentais" que podem surgir a partir daquelas. Podemos denominá-los de "as tecnologias da mente inferior". São simplesmente teorias de interesse, portanto, temos de observar o que há por detrás delas para percebermos a verdade universal. Por esta razão, ele chamou a esta forma "filosofia", que se diferenciava da teorização prévia a qual era "ciência". Ela foi relacionada com a substância fundamental do Universo.

Podemos analisar a palavra "filosofia". *Sophos* significa "sabedoria". É o princípio feminino do conhecimento que envolve, e sempre tem sido visto como aquele aspecto feminino que nutre e dá origem a todo entendimento. É também compaixão. Na tradição budista, ela é ao mesmo tempo sabedoria e compaixão. Isto vale também para o termo grego *sophos*. E *philos* definia um relacionamento com esse *sophos*. Com freqüência, nós o traduzimos como "amor", mas no grego existem pelo menos três palavras para amor, e *philos* definia um relacionamento no qual existia igualdade. Temos isto em nosso vocábulo inglês *philia*[10]. É também a raiz da palavra fraternidade. Portanto, existe um relacionamento no qual se é igual àquela sabedoria, no qual nos tornamos aquela sabedoria; a sabedoria é nossa irmã, por assim dizer. É isso o que desperta em nós como sendo nosso semelhante, e é portanto a maneira de pensar a qual devemos alcançar. Se pudéssemos abordar *A Doutrina Secreta* da maneira como faríamos a um irmão muito amado, chegaríamos a uma nova visão interior, porque compartilhamos do mesmo parentesco, descendemos da mesma origem.

---

10 Em português, *philia* corresponde ao elemento de composição "filia", que significa "amizade". (N.E.)

2

As origens de "A Doutrina Secreta"

O objetivo de *A Doutrina Secreta* – como na verdade de todos os escritos esotéricos – é transformar a mente. É provocar uma profunda mudança na consciência, e é sob esse ponto de vista que deveríamos abordar o trabalho de H.P.B.. Ao mesmo tempo podemos reconhecer que ela teve de usar a linguagem que lhe estava disponível. Ela revestiu as idéias que estava apresentando com a única linguagem que havia à sua disposição; além disso, devemos reconhecer que ela se expressava em um idioma ocidental. Especificamente, é claro, ela foi escrita em inglês. Mas o inglês é uma língua muito precária, muito pobre sob o ponto de vista da filosofia. Entretanto, é muito boa sob outros aspectos, por exemplo, tem-se disseminado pelo mundo. Partindo de uma ilha minúscula, a língua inglesa irradiou-se para quase todos os lugares. A partir daquela pequena ilha, a Inglaterra, ocorreu um movimento nos negócios e no comércio no mundo inteiro. Mas empregar uma tal linguagem, ou de fato qualquer idioma ocidental, para propagar profundamente conceitos filosóficos, é exigir dessas línguas um desempenho quase impossível. E, por conseqüência, devemos sempre captar o sentido mais profundo das palavras, perceber o que o termo externo significa. Devemos, a todo momento, buscar a profundidade do sentido. Devemos procurar o que está oculto na palavra. E somente através de uma mudança na consciência, ou seja, uma mudança em que a mente não mais analise, mas passe para uma nova percepção, nós podemos vir a compreender a Doutrina. É demasiado fácil ater-se aos aspectos exteriores, preocupar-se com rondas, raças e globos... Descobrir que cadeia planetária é esta; se Marte e Mercúrio pertencem ou não a esta cadeia. Ater-se àquilo que eu chamo de "as tecnologias da mente inferior". E, então, perdemos a essência do que é apresentado; por isso eu apreciaria utilizar as próprias declarações de H.P.B. para examinar o que é *A Doutrina Secreta* e quais são as suas fontes.

Começarei com uma citação de H.P.B. na revista *Lucifer*, que ela editava em Londres depois de terse mudado para lá. Isto foi escrito exatamente um ano após a publicação de *A Doutrina Secreta*. H.P.B. afirmou:

> "Eu acredito no seguinte: primeiro, no ensinamento oral não fragmentado revelado por homens vivos, divinos, durante a infância da humanidade aos eleitos dentre os homens. Segundo, que este ensinamento chegou até nós inalterado. Terceiro, que os Mestres são completamente versados na ciência baseada nesse ensinamento ininterrupto."

Penso que esta afirmação nos fornece um indício das origens. Em primeiro lugar, que tem existido um ensinamento oral não fragmentado. Ora, geralmente quando ouvimos algo, e tentamos repeti-lo, as afirmativas passam pelo nosso filtro pessoal, se posso chamá-lo assim. Pode-se dizer que ouvimos o que queremos ouvir e encobrimos o que não queremos ouvir. Colorimos o que escutamos com os nossos próprios sentimentos, e, portanto, distorcemos o que foi ouvido. Temos que compreender o que significam "os ensinamentos orais não fragmentados", nos quais não houve distorção, porque ela afirma que eles "chegaram até nós inalterados". Isso inevitavelmente mostra o fato significativo de que os ensinamentos só podem ser recebidos pelo indivíduo de mente pura, pelo indivíduo que estiver receptivo a eles em sua pureza, e que, portanto, não estamos lidando com um conjunto de fatos, mas com um ensinamento íntimo – ao qual devemos prestar atenção, isto é, devemos ouvir.

E por essa razão, *A Doutrina Secreta* está baseada num determinado texto antigo que foi identificado como "As Estâncias de Dzyan"[1]. Porém, esse texto nunca foi descoberto historicamente, embora um estudante de *A Doutrina Secreta* tenha sugerido que hoje existe evidência da origem daquele texto. De fato, um pesquisador americano[2] destes volumes, também estudioso do idioma tibetano, propôs que as Estâncias têm raízes nos Tantras do Budismo Tibetano; que, de fato, elas podem ter sido extraídas de um texto que é men-

---

1 Veja-se *A Doutrina Secreta*, vol. I, pág. 60-65 e "Introdução", e vol. VI, pág. 50-52. (N.E.)

2 David Reigle, em seu livro *The Books of Kiu-Te* (or *The Tibetan Buddhist Tantras*), Wizards, San Diego, 1983. (N.E.)

cionado em certas obras tibetanas, e que elas são conhecidas como o "ensinamento Kalachakra". É interessante observar, por exemplo, que esse ensinamento sempre foi uma propriedade especial do Panchen Lama, e foi centralizado num monastério, o Tashi Lumpo, localizado nas imediações de Shigatse. Afirma-se que os Instrutores de H.P.B., responsáveis pela cessão de grande parte do material que temos em *A Doutrina Secreta*, tinham residência naquele local. Porém, a tradição Indo-Tibetana declara que a doutrina Kalachakra veio diretamente de Shambhala, e, portanto, ela é conhecida como "o ensinamento de Shambhala". Desta forma, isso pode ter alguma evidência histórica para sustentar as afirmativas de H.P.B.. Existe um livreto a respeito da origem dos Livros de Kiu-te que trata disso[2].

O ponto importante não é tanto a evidência histórica e a análise de alguns dos textos tântricos que se afirma constarem das obras existentes no *Kalachakra Tantra*. Não é preciso analisar isto, mas observar bem de perto o reconhecimento de que esse é um ensinamento que foi transmitido aos Iluminados da humanidade como resultado de uma iluminação anterior. O termo *dzyan*, que acompanha as Estâncias, é logicamente uma versão fonética tibetana do sânscrito *jnana*, equivalente ao termo inglês *gnosis*, e, portanto, significa a sabedoria em seu sentido mais amplo, e que isso é resultado de profunda meditação, em sânscrito conhecida como *dhyana*. Pode-se simplesmente acrescentar que *jnana* é ainda o título da quinta e última seção do

Kalachakra Tantra[3] – a sua parte mais esotérica. Assim, eu procurei mostrar que há realmente alguma evidência histórica da existência destas Estâncias, mas, ao mesmo tempo, permitam-me apontar o fato de que esta sabedoria, *jnana*, surge dentro do indivíduo que está buscando a iluminação como conseqüência da meditação profunda. Isto é, surge porque a mente, ou a consciência, está em uma determinada condição: a de atenção pura. De fato, quando alguém purifica a consciência, remove o "filtro", pode entrar em um reino de conhecimento que é a um só tempo sabedoria e ação, e possui, assim, o seu próprio potencial criador.

Afirma-se, por exemplo, que o *Rig Veda*, a Escritura mais antiga do mundo, foi auscultada pelos *Rishi's*, os homens sábios e santos, e, portanto, primeiramente foi "ouvida no íntimo". Mais adiante observaremos com maior cuidado esta questão do som, pois ela é característica da própria substância do Universo. Não quero me estender sobre isso agora, mas apenas indicar que existe esse aspecto do princíprio criador que em sânscrito é chamado *nada*, e assim, o princípio criador é *Nada Brahma* – diríamos "o Deus ressonante", "o Deus falante," se o desejarem – o princípio criador que ressoa eternamente através do Universo. E esse som é a base de toda a harmonia, a base de toda a expressão. É este som primordial daquela meditação profunda na qual a pessoa está sintonizada com o som original que constitui o ensinamento oral ininterrupto.

---

3 Ver *The Books of Kiu-Te (or The Tibetan Buddhist Tantras)* de D. Reigle. (N.E.)

A razão pela qual ele chegou até nós inalterado é que o mundo nunca esteve sem os seus Instrutores divinos, e, portanto, sempre existiu uma raça de "eleitos dentre a humanidade". Para aqueles que sentiram tal compaixão pela humanidade, aqueles que ansiavam compartilhar esta sabedoria, nós atribuímos o termo "Mestres" ou *Mahatma's*. Eles não fazem referência a si próprios por esta expressão porque admitem ser também "aprendizes" que estão se esforçando tanto para aprender como para transmitr o ensinamento. E assim H.P.B. nos diz que o terceiro ponto em que ela crê é que os Mestres "são completamente versados na ciência baseada no ensinamento ininterrupto". Mas isto não significa que eles tenham atingido a compreensão total do ensinamento. Esta afirmação pode parecer um tanto chocante, mas nas cartas que eles escreveram para o Sr. Sinett, deixam bem claro o fato de que ainda têm muito o que aprender. Por maior que seja a sua sabedoria comparada com a nossa, existe uma sabedoria ainda além a ser alcançada. Conseqüentemente, se vocês estão familiarizados com essas cartas ao Sr. Sinnett, reconhecerão que, com freqüência, eles inquiriam um *Chohan*, um ser superior ao seu *status*, e reconhecerão também como eles se referiam freqüentemente ao Mestre dos Mestres, o Buda, que, afirma-se, foi o primeiro ser de nossa humanidade a alcançar a completa iluminação. No entanto, mesmo nesse estado, por estar em uma encarnação física, alguns erros foram cometidos. Remeto-os a uma seção de *Ensina-*

mentos Esotéricos de H.P.B. denominada "O Mistério do Buda"[4]. Afirma-se que devido à sua grande compaixão pela humanidade sofredora, ele revelou mais do que era permitido. E assim, a presença interior – podemos chamá-la o ser interior – teve de assumir uma outra encarnação. Aqui existe um grande mistério que não podemos explorar totalmente neste instante. Mas trata-se de um assunto de vasto interesse, e eu sugiro que o focalizemos em algum momento. Resumindo e simplificando tanto quanto possível, podemos dizer que a presença interior apareceu mais tarde como o grande Shankaracharya[5]. Temos, desta forma, mais um passo na transmissão dos ensinamentos originais, pois foi o grande Shankaracharya quem apresentou os ensinamentos, já sob uma outra forma sobremodo significativa, a que chamamos de Vedanta Advaita. A Vedanta é a essência dos *Vedas*. O termo *veda* casualmente deriva da raiz sânscrita *vid*, que significa "ver" e também "escutar"; portanto isso é *vidya*, aquilo que é visto verdadeiramente em sua pureza, ou aquilo que é ouvido em sua totalidade. Podemos dizer que se trata do "escutar" a que H.P.B. se refere em *A Voz do Silêncio*. Assim, é a percepção sem qualquer nuvem, sem qualquer névoa, sem qualquer obscuridade. É o auscultar do som original, a visão do que gosto de chamar de "a face original de Deus", "a face original do *Logos*". É isso, pois, que é

4 Publicada em *A Doutrina Secreta*, vol. VI, pág. 25 a 33. (N.E.)
5 No séc. V a.C. Veja-se, por exemplo, *Vivekachudamani – A Jóia Suprema da Sabedoria*, Ed. Teosófica. (N.E.)

novamente transmitido, e começamos a perceber uma cadeia de transmissão. Com certeza existiram outros grandes Instrutores divinos que expressaram os ensinamentos originais sob formas peculiares. É por esta razão que H.P.B. pôde escrever:

> "Talvez seja desejável afirmar inequivocamente que os ensinamentos, embora fragmentados e incompletos, contidos nestes volumes, não pertencem aos hindus, nem aos zoroastrianos, nem aos caldeus, nem à religião egípcia, nem ao Budismo, Islamismo, Judaismo, nem ao Cristianismo exclusivamente. A Doutrina Secreta é a essência de todos esses. Surgidos a partir dela em suas origens, os vários esquemas agora são levados a fundirem-se de volta no seu elemento original, de onde cada mistério e dogma derivou, desenvolveu-se e materializou-se."[6]

Isto nos fornece um indício da estrutura de *A Doutrina Secreta* e ainda deve alertar o estudante contra o que podemos chamar de "a materialização dos ensinamentos". Ela alertou-nos quanto a isto: passar da doutrina para o dogma, passar do ensinamento para a sua expressão concreta. E isto, logicamente, é um perigo que temos de evitar.

Assim, *A Doutrina Secreta* apresenta, em sua estrutura, primeiramente a tradução daquelas Estâncias arcaicas, e isso já está dois passos distante do ensina-

6 *A Doutrina Secreta*, vol. I, pág 12. (N.E.)

mento oral original. Talvez pudéssemos dizer até três passos, pois os ensinamentos orais foram ouvidos, caso contrário, não seriam orais. Nessa escuta, o que foi ouvido foi de início expresso em símbolos; e aqueles símbolos – H.P.B. refere-se àquele texto arcaico de símbolos – foram então expressos em uma linguagem sagrada, uma linguagem da qual não há registro, e que H.P.B. denomina "senzar". Porém nenhum estudante de lingüística está familiarizado com tal linguagem. Ao mesmo tempo em que se postula a existência de uma língua-raiz de todas as línguas indo-européias – uma língua que fora perdida – é difícil reconhecer que aquela possa ter sido a língua à qual H.P.B. se refere. Assim temos de admitir que senzar pode referir-se não tanto a um idioma, mas ao que ela chamou de "o mais difícil de todos os modos de pensamento". Ela denomina esta maneira de pensar de "logo-gramatical". Diz ela: "É o método mais difícil de todos, uma vez que cada letra representa uma palavra inteira". E depois acrescenta que ninguém que não seja iniciado no mistério da "logografia" religiosa oculta pode presumir saber o que significa um nome em qualquer fragmento antigo antes que tenha dominado cada letra que a compõe. Portanto, eu sugeriria que senzar não é um idioma como julgamos sejam o inglês, ou o holandês, o alemão, ou o francês, mas é uma "língua de mistério", no sentido de que talvez seja uma língua bem comum, escondendo um significado oculto. Podemos até dizer que se trata de uma espécie de "código", e então a pessoa deve ser iniciada em sua leitura. Agora, é visível que H.P.B. era de fato iniciada neste código. Temos, então, o próximo nível para o qual ela tentou uma tradução e que forma, pois, a base de *A Doutrina Secreta*; no entanto, devemos compreender que é, na verdade, uma tradução – assim tanto ela poderia fazê-la como os Mestres poderiam ajudá-la na tarefa – do que é provavelmente intraduzível. De fato, em uma das cartas ao Sr. Sinnett, o próprio Instrutor de H.P.B., o Mestre Morya, declarou a ele que deviam chegar a um acordo quanto aos termos. E acrescentou: "porque os nossos termos são quase intraduzíveis".

Desse modo, vê-se a dificuldade em uma tradição hierárquica, e enquanto ela afirma serem os Mestres versados na ciência fundamentada neste ensinamento ininterrupto, nas cartas há toda evidência de que eles próprios ainda estão aprendendo aspectos adicionais da tradição. Por exemplo, há uma afirmativa notável em uma das cartas na qual o Mestre Kuthumi escreve: "Tive que estudar durante 25 anos antes de chegar à doutrina dos ciclos". Desejamos nós dedicar tanto tempo a alguns dos assuntos preliminares? Dizemos que a doutrina dos ciclos é demasiado simples! Freqüentemente eu tenho ouvido, em círculos teosóficos, a afirmativa: "temos assistido a intermináveis palestras sobre *karma* e reencarnação!" Eu sugeriria que apenas conhecemos uma fração do que estes dois termos realmente significam, que, na verdade, apenas começamos a entender o que é esta doutrina. Agora, a partir das Estâncias existem ainda exposições adicionais. H.P.B., por exemplo, faz comentários sobre cada um dos *slokas* ou versos. Por estar apresentando esta obra ao mundo ocidental e tornando públicos pela primeira vez determinados conceitos ou idéias fundamentais da filosofia esotérica, ela acrescentou mais duas seções a cada um dos volumes[7]. Comentou sobre a linguagem que estava em voga no seu tempo e sobre a que é nossa linguagem neste século: a linguagem da ciência. Nós podemos não perceber em que medida a ciência nos proporcionou uma linguagem nos dias de hoje; a ciência nos tem dado todas as nossas metáforas. Assim como no período da Renascença, e antes dele, a linguagem era a da religião, a partir do século dezenove até o atual, a ciência é a nossa linguagem. Assim, ela possui uma longa seção na qual emprega essa linguagem para mostrar quais são os ensinamentos originais. Não passem superficialmente sobre essa seção dizendo "bem, a ciência à qual ela se referiu está ultrapassada" – realmente, enquanto alguns dos fatos externos mudaram, a atitude científica em essência não se alterou. Ela também reconheceu que seria através da ciência que poderiam ser feitas explorações adicionais sobre os ensinamentos. E depois ela apresenta uma seção sobre simbologia, novamente apontando para os ensinamentos originais.

Num certo sentido, *A Doutrina Secreta* não foi ordenada por H.P.B., nem mesmo por seus Instrutores, mas como a história registra, ela foi organizada por uma equipe notável composta por tio e sobrinho:

---

7 Correspondendo, em português, às partes II e III nos volumes II e IV. (N.E.)

Archibald e Bertram Keightly. Quando H.P.B. mudou-se de Ostende, Bélgica, para Londres em 1887, afirmou-se que o manuscrito que compreendia *A Doutrina Secreta* tinha cerca de três pés de altura![8] E H.P.B. não tinha muito de organizadora... Vocês podem ler sobre isso nas reminiscências da Condessa Wachtmeister[9], onde ambos, Archibald e Bertram Keightly, relatam como agregaram esta quantidade de manuscritos. Porém, por estarem trabalhando com H.P.B. e por ela estar, de fato, trabalhando com os seus próprios Instrutores, a organização seguiu o padrão de todos os ensinamentos ocultos.

Assim, a estrutura emerge devido ao intuito da obra. E eu retorno a essa intenção para despertar uma nova maneira de pensar no leitor. E, portanto, a mensagem é que existe uma vida a ser vivida, se quisermos alcançar a sabedoria, e não apenas o entendimento, não somente um conjunto de conhecimentos.

---

8 Cerca de um metro. (N.E.)

9 *Reminiscências de H.P.Blavatsky e de "A Doutrina Secreta"*, Ed. Pensamento. (N.E.)

3

Os mitos da criação e a cosmogonia oculta

Não apenas podemos ler *A Doutrina Secreta* para descobrirmos princípios universais, aqueles princípios universais que regem toda a existência, mas gostaria de sugerir que podemos ver em *A Doutrina Secreta*[1] o mito primordial do nosso ser. Considerando *A Doutrina Secreta* como o grande mito cosmológico e antropológico, podemos promover uma transformação da consciência. Mito não significa que o que foi apresentado não seja verdadeiro, mas o mito nos dá, ou expressa em si, a linguagem da alegoria e da metáfora – portanto, ele diz respeito à consciência. Como sabemos, na filosofia esotérica, a consciência é primordial. Ela é o fundamento de toda existência, de todas as aparências.

Denominamos um "cosmo" a um sistema manifesto em sua totalidade. E isso significa que se trata de uma aparência. Afirma-se que o processo vai do caos ao cosmo. Mas caos não é confusão ou desordem. Freqüentemente falamos de uma condição caótica e pensamos que se trata de uma condição desordenada. O sentido original de "caos" é abismo, um vazio – um vazio que é pleno. Em alemão, a palavra para "caos" é

---

1 A autora aqui se refere ao simbolismo arcaico universal, à Sabedoria Eterna, sobre o qual a obra *A Doutrina Secreta* trata. (N.E.)

gähnen. Este é o termo grego *caos*, conforme incorporou-se a outras línguas européias; em inglês diz-se *yawn*[2]. Quando você boceja, ocorre uma expiração e todos os sons são possíveis. Quando aqueles elementos dentro do mecanismo do corpo humano são acionados para sustentar essa expiração, então os sons se tornam articulados. Essa articulação é a respiração transformada num som particularizado e, assim, temos as palavras. Isso, contudo, sempre se constitui numa limitação da expiração original e jamais expressa inteiramente a totalidade da expiração.

Portanto, podemos dizer que o caos é aquilo que antecede a ordem. Contém todas as possibilidades de ordenação. Esta ordenação é uma limitação do Alento original. E, por conseguinte, essa limitação é denominada "cosmo". A palavra *Kosmos*, em grego, relaciona-se com o termo "cosmético". Assim, quando alguém usa cosméticos, como o fazem a maioria das mulheres, está cobrindo a face original, por assim dizer, e, talvez, revelando apenas determinados traços da face original. Desta forma, é uma aparência que é mostrada, uma aparência que nunca é a totalidade.

O que vamos analisar são aqueles princípios – ou o que podemos chamar de "motivos arquetípicos" – pelos quais a face original expressa-se na manifestação. E essa é a função do mito: que nós, por meio dele, cheguemos a uma apreciação da unidade original. Tem sido dito que um mito possui quatro funções

---

2 Palavra que traduzida para o português significa "bocejo". (N.E.)

primárias. Primeiro, a função *religiosa*. Isto é, o mito evoca reverência, uma espécie de admiração, que é chamada de *mysterium tremendum*, o tremendo mistério da existência. Ele também possui uma função *científica* porque lê a imagem cósmica do Universo. Efetivamente, a linguagem da ciência é o nosso mito atual, dado que a ciência não é a realidade, é uma maneira de descrever como funciona essa realidade. Portanto não devemos confundir o mapa com o território. Podemos pensar que a ciência nos diz o que seja a realidade, mas estamos tão acostumados a esta linguagem da ciência que nos equivocamos quanto ao propósito de sua existência. A ciência é meramente uma descrição da realidade ou do modo como a realidade funciona; ela não é a realidade em si. Uma terceira função do mito é a *sociológica*. O mito ajuda a afirmar a ordem estabelecida pelo homem como sendo a ordem natural. Desta forma, ele mantém a ordem social. Ele nos auxilia a perceber de que modo devemos nos relacionar uns com os outros. Finalmente, o mito possui uma função *psicológica*. Espero que ao sugerir os arquétipos primordiais, os modelos dos mitos da criação, eu esteja encorajando em vocês o despertar desta função psicológica, pois ela mostra como o indivíduo pode se tornar o "herói". Realmente, cada um de nós é o herói de, ao menos, uma história. Vocês são os heróis de suas próprias histórias! Às vezes podem parecer os vilões da história de alguém, mas, nas suas próprias histórias, vocês são os heróis.

Sugiro que, ao considerarmos *A Doutrina Secreta* como mito, isto torna a apresentação menos assustadora, pois não temos que nos preocupar com o que se poderia chamar de "seu caráter fatual"[3], se é que se trata de um fato ou não – isto aconteceu ou não? Quando ocorreu? A narrativa é precisa em todos os detalhes? – uma vez que, aqui, estamos envolvidos com *arquétipos*, com modelos e com as suas imagens na consciência humana; logo, podemos encarar o fato de que o mito é uma realidade psíquica, uma realidade íntima, e que nos possibilita abordar a própria realidade de uma forma experimental. Lembrem-se de que esta é apenas uma maneira de encarar a realidade, e existem outras igualmente válidas. Mas por estar preocupada com o objetivo central de *A Doutrina Secreta* – que, repito, é transformar a consciência a partir do íntimo, de modo que o cosmo reflita com mais precisão os princípios ordenadores do caos – interessa-me saber como o mito pode despertar em nós esse aspecto da realidade que nos permitirá sermos co-criadores deste processo. Existe hoje um número crescente de cientistas que falam sobre "um Universo co-criativo", no qual desempenhamos um papel central.

Analisemos agora alguns dos grandes princípios nos mitos da criação. Os mitos da criação são os mais profundos e importantes de todas as exposições mitológicas. Vocês podem não percebê-lo, mas os nossos mitos refletem aquilo que pensamos a nosso respeito. Eles modelam a nossa visão de mundo. E, enquanto muitos dos elementos encontrados nos mitos da cria-

3 No inglês: *facticity*. (N.E.)

ção parecem bastante fantásticos e abstratos, às vezes até bem estranhos a nós que tanto nos orgulhamos da nossa mente racional, podemos indicar determinados modelos arquetípicos que se encontram naqueles mitos. Sugiro que existem doze desses padrões. Talvez eles correspondam a esse notável número doze, que todo astrólogo reconhecerá.

Primeiro, os mitos da criação sempre lidam com o desconhecido, o *mistério* no verdadeiro sentido do vocábulo. A palavra "mistério" e a palavra "mito" derivam do mesmo verbo grego. O verbo grego é *muo* e significa "fechar os olhos, os ouvidos e os lábios". Quando estes estão fechados a qualquer impacto ou movimento exterior, subsiste um silêncio interior. E é nesse sentido também que a Doutrina é ao mesmo tempo incompreensível e secreta. Por assim dizer, ela é, ao mesmo tempo, compreensível internamente e incompreensível a partir de qualquer sentido externo. E esta incompreensibilidade parece ser fundamental. Uma das grandes questões que a ciência nos apresenta na atualidade é: "Quando teve início o Universo?" Como sabemos, esta questão não tem resposta, porque o tempo não existia, portanto não poderia haver um "quando". O espaço-tempo veio à existência após o assim chamado *big bang*. De que maneira isso ocorreu é incompreensível. Por tal motivo, quase todos os mitos da criação têm início com palavras tais como: "Era uma vez...". Que poderia ser qualquer tempo, nunca e sempre! O grande teólogo judeu Martin Buber sugeriu que as palavras iniciais do *Gênesis*, "No princípio", deveriam realmente ser traduzidas como: "Por causa de um princípio...". Nós temos que começar de algum lugar, mas, de fato, não importa onde se encontra esse ponto inicial. Sempre existe o desconhecido.

Em quase todos os mitos da criação existe em atividade aquilo que só podemos chamar de "o princípio do espelho". Ocorre uma repetição nível após nível. E o que acontece no nível superior, na Mente universal, *Mahat*, reflete-se em todos os estágios subseqüentes da existência manifesta. Este princípio do espelho pode ser notado em muitos rituais externos. Quando se lançam as bases de uma casa ou edifício, está-se recriando o mundo inteiro. Quando um povoado ou cidade são estabelecidos, nós recriamos o modelo cosmogônico. Forma-se um centro, que é o centro do mundo, em torno do qual tudo se concentra. E o povoado simboliza um novo cosmo. Tenho me interessado por conhecer algumas cidades que foram artificialmente estabelecidas como capitais dos seus países. No meu próprio país, por exemplo, Washington D.C., no distrito de Columbia, é a capital. É uma cidade planejada; teve início a partir de um centro onde se localiza a sede do governo e espalha-se em círculos com linhas radiais. Em anos mais recentes, Canberra, na Austrália, foi transformada em capital, e um lago, um espelho d'água, tornou-se o centro da cidade. No centro do lago existe uma fonte. Uma estrutura muito simbólica esse constante retorno da água. É um movimento fluido e havia uma espécie de necessidade desse tipo de centro. Nas proximidades, ao redor da fonte, estão os prédios governamentais. Há alguns anos atrás, visitei Brasília, no Brasil, também uma cidade "planejada". A primeira vez que a visitei, observei que não havia centro; existiam blocos retangulares, cada qual contendo apartamentos, lojas, formando unidades independentes. Ao retornar a essa cidade, há alguns meses atrás, em uma viagem pela América do Sul, atraiu-me o fato de terem colocado um centro com um espelho d'água circular e uma fonte, e os edifícios do governo agora estão distribuídos em volta dessa água. A necessidade de um centro tornou-se aparente. Portanto, em toda cultura, encontram-se rituais ou cerimônias que *espelham* a ordem cósmica. Em cada cultura existe um Ano Novo. Ele pode ocorrer em épocas diferentes do calendário anual, mas trata-se sempre de uma celebração que espelha a origem do próprio mundo. Se vocês analisarem o assunto, não existe muita diferença entre 31 de dezembro e 1º de janeiro. O clima pode ser o mesmo nos dois dias. Vocês fazem o mesmo número de refeições em ambos. Realmente não existe uma grande diferença, mas vocês criam uma diferença! Vocês dizem que não trabalharão no dia 1º de janeiro. Às vezes não comparecem ao trabalho nem mesmo em 31 de dezembro... Porém há uma sensação de um novo começo. Quando vivi na Índia, em Adyar, como vice-presidente da Sociedade Teosófica, era responsável pela coordenação das férias dos vários departamentos, pois cada um deles em nossa sede tem direito a quinze dias de descanso anual. Eu sempre achei interessante que todas elas começavam com um Ano Novo. Todavia, o

Ano Novo tâmil não é o mesmo que o Ano Novo telegu. E nenhum deles é igual ao Ano Novo com o qual eu estava acostumada! Por isso, parecia-me que durante vários meses todos nós estávamos celebrando Anos Novos diferentes... E eu tinha que lembrar qual departamento estava fechado em que Ano Novo. Assim, a questão é que sempre existe um Ano Novo refletindo o conceito de um novo começo.

Estreitamente associado a este motivo-espelho, encontra-se um outro tipo de motivo-reflexo: a criação *de cima para baixo* é confrontada com a criação *de baixo para cima*. Às vezes, isto é visto como uma espécie de oposição, mas, em muitos mitos da criação, tudo é criado no Céu e, depois, as imagens são projetadas sobre a Terra. Poder-se-ia dar uma porção de exemplos como este. Entre determinados grupos indígenas norte-americanos, particularmente os Navajos e os Hopis, existem mitos da criação que afirmam que todo o processo tem início embaixo e, ao elevar-se, atrai as forças superiores. Se vocês lerem as estâncias ou *slokas* da "Antropogênese", notarão que a Terra tenta criar formas. E algo muito importante é mencionado acerca destas formas que a Terra tenta engendrar. Há uma afirmação de que a Terra deve trabalhar-se até determinado limite, por assim dizer, e, então, ela atrairá – quer seja magneticamente ou por ressonância – seres vivos, conscientes, criativos, da esfera celestial, e que existe um certo ponto em cuja direção ela deve mover-se a fim de atrair as energias maiores que irão propiciar o que denominamos a "condição humana".

Vocês reconhecerão que há épocas em que sentem ter um problema para resolver e parece que tudo fazem ao seu alcance para encontrar uma solução, e quando, de repente, vocês o abandonam, a solução surge como se viesse de outra dimensão. Naturalmente, em termos religiosos, esse fato tem sido chamado, algumas vezes, de "graça". É como se ocorresse a entrada de uma outra energia que dissipasse o problema. Às vezes se está consciente de que há uma força maior movendo-se em nossa direção. Portanto, pode-se ver que existe um motivo arquetípico em funcionamento até mesmo na nossa vida.

O quarto padrão arquetípico da criação é o fato de que ela ocorre sempre em termos de um *despertar*. Com freqüência, é um despertar espontâneo a partir de um estado de repouso, ou um despertar quase acidental. Existe a mitologia dos índios Winnibego, da América do Norte, na qual o mito da criação começa assim: "No princípio o criador da Terra estava sentado no espaço. Quando ele adquiriu consciência nada havia em parte alguma...". (Existem muitos mitos da criação que são engraçados). Assim, é como se o Princípio criador, de certa maneira, tivesse machucado o dedo do pé e tivesse se tornado consciente, e a dor o despertasse de uma espécie de condição de sonambulismo. Vocês deveriam ler estes mitos! É como se houvesse um sobressalto e a dor provocasse o despertar e, às vezes, trata-se de um despertar espontâneo. Agora podemos ver isto em nós mesmos. Vez por outra, aproximamonos da teosofia porque "chocamos nossos dedos dos pés" contra o mundo da existência, e a dor nos faz procurar por um sentido mais profundo. Às vezes, nós, espontaneamente, empreendemos a busca da compreensão.

O quinto motivo arquetípico é o da *polaridade*, a existência de dois pólos, ligados de um modo ou de outro. Geralmente eles se complementam. Um pode ser mais ativo, o outro mais passivo. Um pode ser mais masculino, o outro mais feminino. Um pode ser simbolizado pela luz, o outro, pela sombra ou escuridão. Algumas vezes um é simbolizado como arguto, enquanto o outro é um pouco tolo ou preguiçoso... É interessante que na Física contemporânea existe uma teoria da cosmogonia, proposta por Jordan e Dirac, segundo a qual todo o cosmo originou-se de partículas gêmeas, de elétrons que eram gêmeos. Em outro mito das tribos indígenas norte-americanas, lê-se a encantadora estória do "Coiote e a Raposa Prateada". A Raposa Prateada foi criada pelo Pensamento. Julgamos ser a raposa uma criatura muito esperta, não? O Coiote, diz a lenda, adormeceu, e a Raposa Prateada fez todo o serviço, criando o Universo por meio do pensamento. Quando tinha aprontado tudo, ela despertou o Coiote. O aspecto divertido é que o Coiote começou a comer todas as coisas criadas pela Raposa Prateada. Existe uma espantosa verdade nessa estória divertida. Por exemplo, na mitologia indiana, é Kali, ou o tempo, que engole a criação. E, de fato, é o homem, o ser humano, quem assimila o Universo ou ingere-o ao trazer todas as coisas para a percepção consciente. Desta forma, há sempre esta polaridade, a qual julgamos ser uma dualidade.

Encontramo-la nos mitos gregos, nos egípcios, em verdade, nos mitos de todos os povos. Encontramo-la na nossa própria estrutura psíquica. É como se uma parte de nós estivesse adormecida, e a outra muito ativa – falamos em funções dos hemisférios cerebrais direito e esquerdo – e quando despertamos aquela parte que está repousando, ela aparenta consumir o que a outra tinha produzido. Esta é a irresistível assimilação pela experiência mística, na qual os processos racionais da mente parecem simplesmente ser devorados! Surge, aqui, um perigo, quando em uma experiência psíquica tornamo-nos tão inflados que não mais utilizamos a mente racional para analisar a experiência. Logo, estas duas possibilidades criativas devem ser mantidas em equilíbrio.

Um outro motivo arquetípico é aquele que tem sido chamado o *deus faber*, o criador enquanto artesão. O criador cria o mundo em analogia a algum talento ou habilidade. Na mitologia egípcia, afirma-se que o Princípio criador *Ptah* criou o mundo em um torno de oleiro. Em *A Doutrina Secreta* muita atenção é dedicada ao Arquiteto e a todos os Construtores. Existe uma hoste completa de Construtores, e, às vezes, torna-se confuso tentar mantê-los e às suas funções em ordem. No *Rig Veda* afirma-se que Deus teceu a Terra a partir da matéria primordial. E igualmente em *A Doutrina Secreta*, temos a teia do Universo tecida. Mas como tecer é, em geral, considerado uma atividade feminina, este motivo é encontrado usualmente nos mitos onde o feminino é quem desempenha o papel preponderante na criação. No *Timeo* de Platão, a deusa

Nêmesis senta-se no centro do cosmo; e afirma-se que o eixo do cosmo gira em seu útero como um fuso. No *Rig Veda*, outra imagem do Princípio criador é usada como um ferreiro em sua forja, e, em outra passagem, o criador é citado como sendo um carpinteiro. No grande mito cristão, o pai de Jesus era um carpinteiro. Portanto, começamos a perceber que existe esse elemento criativo que constrói.

Há uma interessante abordagem lateral neste tema para a qual devo chamar a sua atenção. Em alguns dos grandes mitos da criação, o artífice, o artesão, pode ser apressado demais. Em um dos grandes textos islâmicos sobre a criação de Adão, afirma-se que ele, ao ser criado, permaneceu como uma massa amorfa de argila durante oitenta anos. Atualmente, uma das principais teorias dos biólogos quanto à origem da vida na Terra é conhecida como a "teoria da argila". É muito interessante, e vocês podem ler em alguns trabalhos de biologia contemporâneos a este respeito que, na argila, existem todos os microorganismos que realmente produzem os organismos vivos. De qualquer modo, de acordo com o texto islâmico, Alá deu a esta massa de argila um formato humano, mas ainda faltava uma alma. Assim ele permaneceu por mais cento e vinte anos! Depois disso, Alá soprou-lhe o alento da vida, porém o sopro não preencheu completamente suas formas, de modo que, quando Adão quis levantar-se, não havia alento suficiente, e ele caiu ao chão novamente... Há uma declaração muito interessante no *Alcorão*: "O homem foi criado de maneira apressada". E num texto dos livros sagrados dos judeus, o *Midrash*, há a história de que Isaac aproximou-se de Deus em certa ocasião e disse a Ele: "veja aqui" – eles tinham um bom diálogo entre si, percebem – "quando criaste o firmamento, tu o pronunciaste bem. E quando criaste todas as criaturas do campo disseste que elas eram boas. Quando criaste as florestas e as árvores e as plantas, disseste que elas eram boas. Mas quando criaste o homem não disseste 'isto é bom'. Por que, ó Senhor?" E consta que Deus respondeu a Isaac: "porque quando criei o homem, eu lhe dei as minhas leis pelas quais ele aperfeiçoaria a si próprio". Conseqüentemente, tornamo-nos co-criadores.

O sétimo motivo, o sétimo arquétipo da criação, é que o ato criador constitui um *sacrifício*. É como se algo tivesse que morrer para o novo ser criado. Talvez fosse por isso que Krishnamurti costumava dizer que a meditação é a morte – porque somente quando existe morte pode haver renascimento. Na mitologia chinesa, a criação é uma espécie de assassinato. E na mitologia escandinava, temos o gigante Emer, de cujo corpo o mundo se formou. Em *A Doutrina Secreta* temos o conceito do Homem Divino. Na mitologia hindu é *Purusha* que deve ser de algum modo dividido; ele é esquartejado como um ato de sacrifício. Cada membro se transforma em uma parte do Universo. Em certas tradições judaicas diz-se que o primeiro homem media de uma ponta do mundo à outra. Temos o mito de Osíris, cortado em catorze partes que têm de ser reagrupadas. Na mitologia grega, Dionísio é fragmentado em catorze partes. Na mitologia hindu, Prajapati é dividido em cem partes. Na tradição esotérica do Cristianismo, o corpo e o sangue de Jesus transformam-se nos elementos sacrificiais da missa. Na missa cristã, temos as belas palavras "sempre que tomardes destes elementos, fazei-o em memória", unindo os membros dessa consciência crística. Por conseguinte, trata-se de um reagrupamento daquilo que foi espalhado pelo Universo.

O oitavo dos modelos arquetípicos relaciona-se com o ânimo, pensamento ou emoção, que conduz à criação. Ele pode ser um *desejo*, que é representado como uma espécie de união sexual. Freqüentemente é citado como uma fome, uma sede. E assim temos a imagem como ela se apresenta na cosmogonia oculta. O conceito de *tapas*, que encontramos na tradição da *Yòga* e, com certeza, *tapas* realmente significa incubar, remoer, acalentar uma semente ou ser interior, é uma concentração de energia. Temos isso em muitos dos textos gnósticos[4], bem como nos textos de *Yoga*. E talvez ele possa mesmo ser considerado como semelhante ao atual modelo científico da criação. Ocorre uma explosão de dentro para fora – a teoria do "big bang". E assim aquele desejo cria uma intensidade de foco.

Agora, ligado a este motivo do desejo, existe um outro arquétipo do germe ou do *ovo*. Em alguns dos *Upanishads* isto é claramente apresentado. A cria-

4 Relativo às comunidades gnósticas entre o final do séc. I a.C. e o início do séc. III d.C., principalmente no Egito e na Síria. (N.E.)

ção é uma poderosa concentração do pensamento que "incuba" o ovo do mundo. E o ovo, como sabemos, é uma extraordinária imagem arquetípica que encontramos em todas as culturas. No *Upanishad Chandogya* afirma-se: "No princípio, isto era não-existente. Transformou-se em um ovo. O ovo partiu-se..." e assim por diante; pode-se ler isso em muitos *Upanishads*. No texto chinês *I Ching*, o hexagrama 61 identifica o ovo como sinal para a verdade interior. De forma que há uma interiorização, uma auto-reflexão, um voltar-se para si mesmo. É um aquecimento através da concentração de energia, que então explode como verdade. A verdade surge dentro de nós.

Estreitamente vinculado a este arquétipo do ovo ou do germe está o décimo dos nossos motivos, o da *separação*. É uma divisão da unidade primária. O ovo rompe-se, geralmente em duas partes com um espaço ao meio. Às vezes ele se divide em quatro partes e vemos isso repetir-se em muitos e muitos níveis. Em biologia, por exemplo, temos a união original do óvulo e do esperma acoplados num abraço muito íntimo, e depois a divisão e a subdivisão – o processo é conhecido como "mitose". Isso nos leva ao simbolismo numérico; tudo isso diz respeito à separação decimal, o simbolismo numérico. E temos que ter muito cuidado neste assunto de divisão ou separação que envolve tal simbolismo. H.P.B. diz que o número é uma ciência sagrada importante para o estudo do ocultismo. E acrescenta que "é nas hierarquias e no número correto destes seres que o mistério de todo o Universo se baseia"[5]. Esta é uma afirmação muito interessante, porque existem maneiras diferentes de contar. A maneira com que estamos mais familiarizados é a divisão da unidade original e o acréscimo de outras unidades, de modo que se eu pedisse para vocês contarem, alguém diria "um", e o próximo diria "dois" e o outro "três". Porém, na cosmogonia oculta, não se tem adição mas sim multiplicação, de forma que não é um mais um, mais um, mas um vezes um, vezes um, vezes um... A resposta é sempre um, e, portanto, existe um simbolismo numérico que funciona de modo diferente: pela reconstrução da unidade original. Vocês não somam um número, mas reconhecem que todas as separações subseqüentes são de fato aspectos do Um original. Na verdade, existem culturas nas quais se afirma que o dois é a "dualidade do um", o três é a "triplicidade do um", o quatro é a "quadruplicidade do um". Por isso temos este conceito maravilhoso, que Sri Krishna nos deu no *Bhagavad Gita*: "Com uma porção de mim mesmo eu impregno o Universo, mas permaneço..." Existe um *continuum* no qual estamos enraizados. O Um está sempre lá, não importa qual seja a divisão. Portanto, a separação é apenas um "cosmético" sobre o cosmo...

Mas, ao mesmo tempo, com essa abertura da Unidade original, o ovo, as imagens da multiplicidade aparecem, e, com elas, a seqüência, ou tempo torna-se a maneira de conhecer. Se vocês já passaram por uma experiência profunda na qual por um instante a cons-

---

5 *Glossário Teosófico*, Ed. Ground, pág. 427, "Números". (N.E.)

ciência parecia ser total, ou uma genuína experiência mística, saberão que houve uma sensação de "totalidade na unidade"[6] do ser. E depois as partes foram vistas. E assim podemos chamar o décimo-primeiro dos símbolos arquetípicos de motivo das *cadeias* ou gerações. Por exemplo, em nossos estudos teosóficos, freqüentemente listamos, em uma espécie de sucessão, os princípios da constituição humana. Seguidamente colocamos, em uma forma de diagrama, o campo da existência ao qual nos referimos como os "planos". Uma espécie de bolo em camadas, com a Fonte original como se fosse um glacê ao seu redor, e sempre queremos comer primeiro o glacê! Assim, representamos as cadeias planetárias, como vocês sabem, com um globo após o outro. Mas, se formos bastante cautelosos nesta questão do número, reconheceremos que, ao mesmo tempo que existe a seqüência, também existe a unidade simultânea que engloba o todo. Assim, numerosos mitos listam extensas cadeias de gerações. Ao longo do *Velho Testamento* temos uma lista interminável de "gerou" – vocês sabem – "Noé gerou...".

Em *A Doutrina Secreta* deparamos com termos tais como "o exército da voz", quando H.P.B. menciona a "hoste do Logos". Ela escreve:

> "A cosmogonia esotérica principia pelo Uno, o Uno manifesto, não eterno em sua presença e natureza,

6 No original em inglês: *all-at-one-ness.* (N.E.)

> embora eterno em sua essência. O número dos números e enumerado."[7]

E assim ela afirma que é do número 10 ou da Natureza criativa, a Mãe, que o Universo inteiro se originou. Agora, se vocês observarem, por exemplo, a natureza complexa do protoplasma, ou a estrutura complexa da molécula do DNA, saberão que nos dois casos a fórmula é muito longa. É como se fosse uma extensão de uma substância primitiva em diversas permutações do Uno. Corresponde ao fato de que se progrediu – se podemos usar essa expressão, e que constitui um movimento – de uma condição de Seidade[8] para uma de vir-a-ser. E é por isso que a natureza global da consciência deve ser alterada da percepção das coisas separadas para a percepção do processo. Eu já citei que o pensamento ocidental foi tão treinado na coisificação objetiva do Universo que nós nos esquecemos daquilo que um escritor como Fritjof Capra denominou "a dança de Shiva". Eis porque sugiro que essa linguagem sempre se relaciona com a nossa visão de mundo. Por exemplo, na língua navajo – os navajos são um grupo nativo da região sudoeste dos Estados Unidos – existem 365.700 conjugações do verbo "ir". Existem apenas três conjugações do verbo "ser". O navajo nunca fala sobre algo sem descrever seu movimento. Isso não é incrível? Nós falamos sobre as coisas como sendo estáticas, no que diz respeito a sua posição. Na língua

---

7 *A Doutrina Secreta*, vol. I, pág. 147. (N.E.)
8 No original em inglês: *Be-ness*. Ver, por exemplo, *A Doutrina Secreta*, vol. I, pág. 81. (N.E.)

navajo nada é estático, daí a razão para este número inacreditável de conjugações do verbo "ir". Desta forma, devemos reconhecer que este arquétipo das cadeias ou gerações é uma maneira de perceber que há uma espécie de véu cobrindo a face original da Realidade. Acostumamo-nos a chamar esse véu de *maya*, mas *maya* é uma energia que tanto dissimula como revela a Realidade. Poderíamos prosseguir nisso por longo tempo.

Finalmente existe um motivo, o décimo-segundo, o qual é encontrado em muitos dos textos mitológicos e que, penso eu, não pode ser negligenciado. Trata-se do arquétipo ou princípio que eu denomino motivo do *fracasso*. Existem tentativas abortivas na criação. Isto está retratado em *A Doutrina Secreta*, na "Antropogênese". Houve muitas tentativas prévias para produzir o homem. Vocês podem recordar algumas delas: "o homem aquático, terrível e mau", "o homem-bode", "o homem com cabeça de cão" e "os homens com corpos de peixe". Vocês podem achar graça neles, mas eles ainda estão presentes em nós. Uma das grandes histórias de iniciação – um mito fantástico – foi escrita no segundo século de nossa era por um iniciado nos mistérios de Eleusis e Dionísio, Lucius Apuleius, e sua obra é conhecida como *As Transformações de Lucius,* ou também por *O Asno de Ouro.* A história, muito resumidamente, – e não me aprofundarei nela – é a de Lucius (cujo próprio nome significa "luz"), que empreende a viagem de retorno à casa materna. Isto é, ele parte para reconquistar a sabedoria, Sophia, sua mãe.

No caminho ele passa por muitas aventuras. Se dominam o inglês, leiam a história, traduzida por Robert Graves. Há uma edição popular da versão inglesa. De qualquer forma, uma das maiores aventuras é a sua chegada à casa de algumas pessoas onde se hospeda, na qual havia uma mulher chamada Panphila, que significa "toda amor", "puro envolvimento". É versada nas artes ocultas, mas sabe como empregá-las, pois ela é amor ou compaixão. Porém ela tem uma jovem ajudante, cujo nome é Psique – o reflexo, como vêem, num nível inferior – que tem observado a patroa e pensa que conhece todas aquelas artes. Psique assegura a Lucius que sabe qual o ungüento ideal a ser aplicado a fim de que ele alcance rapidamente o seu intento. Contudo, por descuido ou ignorância, ela aplica o ungüento errado, e ele se transforma imediatamente num asno. Agora ele é um homem com cabeça de asno e só consegue zurrar! Psique não conhece o remédio e, assim, o pobre Lucius é conduzido aos estábulos. Não só Psique fracassa no reconhecimento de sua ignorância, mas também há o fracasso de Lucius em saber que uma meta espiritual não pode ser alcançada sem esforço. Lucius, agora um asno, passa por diversas aventuras que não podem ser recontadas aqui, e que não são de fato relevantes para o nosso tema – o motivo ou arquétipo do fracasso. Entretanto, dizem-lhe que, para reaver a sua condição humana, ele deve ingerir rosas frescas, um símbolo poderoso do sofrimento e do sacrifício que devem ser suportados quando alguém perdeu a própria humanidade. Só nos resta acrescentar que, após muitas provas e tentativas, todas muito humilhantes, Lucius come das rosas, aceita o sacrifício necessário e abraça um amor superior que o conduz à iniciação. Seu amor por Psique, que o levou ao fracasso, era um amor pelos elementos inferiores do seu ser, conduzindo-o a sua própria derrota; o amor superior está representado na história por outra moça chamada Caridade, símbolo do carinho e da compaixão que devem caracterizar aquele que terá sucesso.

Aqui temos então os doze grandes motivos arquetípicos encontrados em todos os mitos da criação, e que podemos ver representados nas nossas próprias vidas. Cada um diz-nos algo sobre nós mesmos, pois os processos cosmogônicos se repetem nos antropogênicos, como veremos à medida que avançarmos nesta série de comentários.

4

A teia viva de significado

A visão de mundo teosófica postula a nossa radicação num Universo de significado. Ao mesmo tempo que a ciência contemporânea reconhece a existência de níveis, de níveis hierárquicos de complexidade na organização, ela geralmente não admite que o significado seja inerente ao sistema, que exista certa energia ou dinamismo que fornece o meio no qual o sistema se desenvolve. Essa inteligência, em outras palavras, está presente em todo o Universo. E, todavia, nós temos que chegar, afinal, penso eu, a esta profunda posição metafísica.

Conforme já sugeri, o mito e a metáfora atuam como os portadores de significado na compreensão de nós mesmos e do mundo. A linguagem da ciência nos proporciona as metáforas atuais, mas ainda somos movidos por mitos antigos – aqueles mitos que falam a um conhecimento mais profundo em nosso íntimo, que nos chegam de um passado distante. E, freqüentemente, eles ecoam nas fórmulas das descrições científicas modernas. O Dr. Carl Jung, por exemplo, referia-se a um anelo inexprimível. De fato ele atribuiu-lhe um nome: o *tanha* universal, a "sede" universal por algo que nos tornará conscientes, que estabelecerá relacionamentos, que dará sentido –

algo que nós não podemos conhecer na absorção mútua e total da Unidade absoluta. Isto sempre é citado como o anelo por luz. E, nos mitos da criação de todos os povos, o processo da criação é equacionado com a chegada da luz. Encontramo-la na fraseologia mística e poética das Estâncias que H.P.B. traduziu para nós:

> "A mãe entumece, expandindo-se de dentro para fora... as Trevas irradiam a luz... admirem o radiante Filho dos dois, a Glória refulgente e sem par, o Espaço Luminoso, Filho do Negro Espaço..."[1]

Agora se olharmos o assunto detidamente, a luz produz limitação. Em uma novela notável – baseada em fato verídico – publicada há alguns anos atrás, Han Suyin, em sua obra *The Many Splendoured Thing*, comentou uma experiência que teve durante a guerra. Ela atravessava o campo de pouso de Chong King completamente às escuras, em direção ao prédio do aeroporto. E é claro, porque era tempo de guerra, o prédio do aeroporto estava completamente encoberto por cortinas pretas. Nenhuma luz podia escapar. Ela narra sua experiência de caminhar ante o prédio do aeroporto completamente iluminado e afirma que aquela luz não revelava muito mais, mas antes limitava a visão a bem menos. Quando vocês chegam a um quarto escuro, se não estiverem familiari-

---

1 *A Doutrina Secreta*, vol. I, Estância III, pág. 95. (N.E.)

zados com aquele cômodo, pode haver qualquer coisa ali. Pode haver dragões e monstros, pode haver anjos e deuses, mobília e pessoas. Sua imaginação pode ver aranhas e baratas! Mas quando vocês acionarem a luz, verão que estão limitados pelo que está ali. Portanto, pela sua própria natureza, a luz é uma condição limitante.

Existe um mito muito bonito, contado pelos nativos Maoris da Nova Zelândia. Diz-se que Rongi e Papa, o Céu e a Terra, eram tidos como a origem de todas as coisas. Havia escuridão, pois os dois ainda estavam unidos, não haviam sido separados. E as crianças por eles geradas pensavam sempre: "Qual é a diferença entre trevas e luz?" Bem, nos mitos não temos que nos questionar como é que havia crianças. Simplesmente existiam. Na verdade, havia sete crianças – o que obviamente é muito adequado, não? Poderíamos perguntar, "como elas sabiam que havia diferença entre trevas e luz?" Vocês vêem, os mitos reproduzem verdades ancestrais das quais algumas partes foram esquecidas, mas também mostram essas partículas esquecidas. E assim, o mito nos diz que ainda não havia um mundo cintilante de luz, mas trevas apenas para os seres então existentes. E a história, o mito, relata-nos os esforços dos filhos para separarem seus pais. E há uma bela sentença no mito:

> "A luz, a luz!
> A busca, a procura!
> No caos, no caos!"

Até que finalmente o Céu e a Terra são separados. Talvez isso se repita conosco de vez em quando. Este anelo pela luz, esta busca, esta procura pela luz.

Uma das mais magníficas passagens que H.P.B. nos oferece das Estâncias arcaicas descreve todo o potencial de construção de formas que é inerente à realidade subjacente. É um potencial para erigir formas que consiste, ao mesmo tempo, do meio necessário para as formas, para que elas se tornem manifestas em qualquer nível, e da energia pela qual a construção da forma é possível. E essa passagem ocorre na *sloka* 10 da estância III:

> "O Pai-Mãe tece uma teia cuja extremidade superior está fixada ao Espírito[2], a luz da Escuridão una, e a inferior, à Matéria[3], sua[4] extremidade sombria; e esta teia é o Universo, tecido a partir das duas substâncias unificadas, que é *Swabhavat*[5]."

É uma bela sentença, uma bela afirmação, um mito que podemos compreender. Ele nos dá todo o processo da formação do Universo, que é um movimento das trevas para a luz. E isso envolve o que podemos chamar de "polarização". Envolve o Espaço como a Base primordial do nosso ser e o Movimento como a energia ou potência original. Na linguagem do

---

2 *Purusha*. (N.E.)
3 *Prakriti*. (N.E.)
4 Do Espírito. (N.E.)
5 A essência plástica que preenche o Universo é a raiz de todas as coisas, não sendo porém matéria; o mesmo que *Mulaprakriti*. (N.E.)

ocultismo, conforme utilizada por H.P.B. em *A Doutrina Secreta*, o Espaço é freqüentemente denominado *Akasha*. E o Movimento primordial nele, unindo o que parecem ser pólos opostos – pólos opostos que repetidamente chamamos de "espírito" e "matéria", mas que não são coisas distintas e sim duas extremidades de um *continuum* – esse movimento primordial ela denomina *Fohat*, porém precisamos ter muito cuidado com esta palavra. Ocasionalmente H.P.B. dirá que se trata de um termo tibetano, mas não é uma palavra que possa ser encontrada em qualquer dicionário tibetano. Talvez seja uma palavra que ela tenha aprendido no *ashram* de seu Instrutor. Na verdade, talvez seja um termo grosseiramente traduzido de algum outro original. Ou pode ser de fato um termo da filosofia trans-himalaica na qual ela foi treinada. É uma palavra útil porque abrange todas as leis do movimento e da energia em qualquer nível. O principal é que vocês não saiam por aí dizendo tratar-se de um termo tibetano; sua afirmação a respeito é um "disfarce" para um entendimento oculto mais aprofundado.

O ponto que devemos observar é aquele em que H.P.B. declara: "Tudo procedeu de *Akasha*, em obediência a uma lei que lhe é inerente". Por separarmos substância de energia ou movimento – ou pelo menos crescemos tentando distinguir estas duas – seguidamente falamos dos dois aspectos do Uno. Hoje, sabemos, é claro, que matéria é energia, por conseguinte, temos ao nosso dispor uma validação ou verificação da tese de H.P.B. que ela, evidentemente, não dispunha em sua época. Mas ainda assim temos que tentar verificar cada aspecto deste Um. Portanto, o imperecível Princípio-Substância que é o Universo – e ela afirma que nós somos o Universo, que é tudo, o que nos inclui – quando falamos daquela Substância universal, isto é *Akasha*. Agora, a raiz desta palavra é *kash*, que significa "brilhar". Literalmente, ela é a "substância brilhante", e nós aprendemos que esotericamente significa a luz primordial, que se manifesta através da Ideação divina. *Fohat*, então, é a energia dinâmica da Ideação cósmica, que revela a legitimidade, a correção, a compreensibilidade, o belo, a beleza que está implícita na ordem da substância cósmica.

Colocando de outra forma, é dito que H.P.B. replicou a um de seus interlocutores:

> "No Pensamento absoluto ou divino tudo existe, e não houve tempo em que ele não existisse. Mas a Ideação divina é limitada pelos *manvantaras* do Universo. O reino de *Akasha* é o Espaço-numenal indiferenciado e abstrato, o qual será ocupado por *chit-akasha*, o campo da consciência primordial. Na filosofia oculta essa possui, todavia, vários níveis, de fato, sete planos."

Agora, isto pode parecer extremamente abstrato, e admito que é. Minha intenção é a de alargar suas mentes até seu limite! Aí então tentarei focalizar novamente o que isto significa para cada um, pois estamos observando a nós mesmos. E existe somente uma consciência.

Mas temos que apreciar este tema, eu sugiro, do ponto de vista metafísico. Existem três palavras que, num sentido místico, referem-se àquela Substância primordial una ou à Fonte da qual tudo procede. Eu mencionei o *Akasha*. As outras duas palavras são *Alaya* e *Swabhavat*, as quais já vimos no citado *sloka* 1. Os termos são extremamente interessantes, dado que eles auxiliam-nos a compreender ambos, nossa própria natureza e a essência do mundo que nos cerca. O *Akasha*, como já mencionamos, ou como H.P.B. declara, "é o Espaço numenal indiferenciado e abstrato". Ele é o tecido da consciência, iluminando sua própria natureza. Abarca em si todas as ideações que se tornarão produtoras da forma. Podemos dizer que ele inclui todas as sementes que em última instância florescerão nas pessoas, nos minerais, nas cadeiras, nas luzes, na multiplicidade de coisas – e o que isto é, "o um milhão, mil coisas"? Ora, isto é *Alaya*. O próprio termo significa "não-dissolúvel". *Laya* provém do verbo-raiz *li*, "dissolver", e *a* é "não", logo *A-laya* significa "o não dissolúvel". E esta é a razão por que H.P.B. pode indicar que para a doutrina oculta todo o processo é "destituído de um final imaginável ou concebível". Do mesmo modo que, de fato, cada um de nós é o ressurgimento de tudo que já fomos, as sementes do nosso próprio passado. Portanto, os Universos são o desabrochar das sementes que são indissolúveis.

Estes são, se o desejarem, os "motivos arquetípicos", os quais dão origem a todas as imagens, tudo através do sistema manifestado. Mas é também um sistema auto-organizado, que alguns cientistas estão até admitindo atualmente. Indivíduos como Erich Jaentsch, por exemplo, que escreveu um livro intitulado *The Self-organising Universe*, conjugado ao trabalho de Ilia Prigogine, que mostrou que as "estruturas dissipadoras" têm uma tendência a se reorganizarem noutros níveis de complexidade – essa ordem de fato é constantemente re-expressa, se o quiserem. Assim, todo o Sistema manifesto ou Universo manifesto é também *Swabhavat*, o "*self-becoming*"[6]. *Swa* significa "auto", *bhavat* é "ser" ou "tornar-se".

Portanto, ele é aquela Substância misticamente conhecida por "Pai-Mãe", que tem de ser dissociada, como nos informa o mito Maori, se a escuridão tiver que ceder à luz. E por esse motivo, em prol do nosso crescimento total, separamo-nos do Universo. A alegria do bebê que está descobrindo o próprio pé, e que o pé de algum modo está "ali", diferente, é o distanciamento de nós mesmos no qual projetamos para fora esta existência separada, de forma que não nos confundimos com cadeiras e mesas – e logicamente temos locais para onde encaminhamos as pessoas que se confundem com cadeiras e mesas... Mas gastamos um enorme tempo e energia separando-nos a fim de chegarmos a uma consciência "do outro". Porém começamos a ver, espero, a partir do que afirmei, que desta posição metafísica emerge

6 Pode ser traduzido por auto-existente, ser-vir-a-ser, autotransformador, tornar-se-ser. É o que se torna aquilo que é, o que se transforma naquilo que essencialmente é. (N.E.)

uma profunda ética. Assim, ocorre um estado de autotransformação, *Swabhavat*, para o sistema. E podemos ver como é bela a metáfora "O Pai-Mãe tece uma teia...".

Se preferem visualizá-lo: onde quer que dois fios se cruzem, na teia, surge um nó. E nós somos "nós no *Akasha*". E, conseqüentemente, uma das metáforas em um dos *Upanishads* é que devemos aprender "a desatar os nós do coração". Este é o processo de *self-becoming*[7], portanto, a *yoga* é, na verdade, esse processo. A verdadeira *yoga* está enraizada nesta posição metafísica. E todas as práticas da *yoga* de *dharana*, *dhyana* – verdadeira *yoga*, não a *kriya-yoga* preliminar, estas são etapas – são o movimento de desatar os nós por meio da conscientização (*dharana),* por meio da concentração total da energia (*dhyana)*, e por aquela condição que é *samadhi*, que é a totalidade de tudo contida no uno, que é a nutrição do todo. *Dhi* é a retenção, a nutrição de *sama*, a totalidade da existência manifesta. E é por isso que o grande mestre budista Nagarjuna[8] podia dizer que "*samsara* é *nirvana*, *nirvana* é *samsara*[9] – entre os dois não existe diferença" porque um contém o Universo inteiro em sua consciência. Isto é sugerido naquele maravilhoso *sloka* 17 no segundo grupo das estâncias[10]. Ele diz: "aquisição de uma mente para abarcar o Universo".

---

7 *Self-becoming* - ver nota 6 na pág. anterior. (N.E.)

8 Conhecido filósofo indiano que deu origem à escola *Mahayana Madhyamika* no séc. II d.C.. (N.E.)

9 *Samsara*: roda dos renascimentos, existência cíclica. *Nirvana*: estado de existência e consciência absoluta, Libertação. (N.E.)

10 *A Doutrina Secreta*, vol. III, pág. 119. (N.E.)

A teia emergente do conteúdo polarizado é cristalina, uma luz vívida, vibrando à medida que é tecida entre os dois aspectos de sua natureza que H.P.B. denomina "espírito" e "matéria", porém eles estão presentes aqui bem como em qualquer outro lugar. E essa vibração da teia produz a sua característica principal que é o som ou ressonância. Um geneticista japonês realizou recentemente uma experiência interessante, na qual designou notas musicais aos quatro constituintes químicos do DNA. Ele designou duas notas para cada um dos quatro, criando assim uma oitava. E ele já tinha descoberto ou composto o que diz ser "a valsa do camundongo"! Este geneticista japonês, designando estas notas e tomando uma porção do DNA de um camundongo, descobriu uma espécie de padrão musical, uma melodia. Assim, do mesmo modo que podemos afirmar que as cordas de uma harpa criam e sustentam as ondas sonoras da música mas não são elas próprias o som, assim a teia é o veículo e a portadora das vibrações que conhecemos como formas. Mas o Universo inteiro é som, "uma teia viva de significado".

Colocando de outra forma, podemos dizer que tudo o que chamamos de "material", seja qual for o plano ou o campo de existência, é Movimento causado pela ação do alento, o que H.P.B. chama "o Grande Alento" e que, em suas transformações incessantes, parece ser constante. Ele dá a aparência de permanência e estabilidade à teia, que é o Universo – mas isso o tempo todo é uma possibilidade ressonante de estabilidade. E assim como este geneticista japonês descobriu que sempre existe uma melodia, que a melodia de cada criatura é diferente, também dentro desta Substância universal cada um de nós está tocando uma melodia particular. Como vocês podem recordar, em *A Voz do Silêncio,* H.P.B. menciona os sete sons que correspondem perfeitamente aos campos da nossa constituição humana. Portanto, o nosso processo, ou o processo da *yoga* se quiserem, é afinarmo-nos com o som de cada nível. Nosso processo é afinarmo-nos à melodia do Universo. Está escrito em *O Livro Tibetano dos Mortos* que se deve escutar o som do *Self*[11] "como o som de mil trovões ribombantes...". Que sons estamos fazendo no Universo atualmente? Cada um de nós é "som congelado". Qual é a sinfonia que estamos criando? Devemos considerar isto em virtude da aparência de estabilidade; por causa dessa aparência o Universo e tudo nele é chamado *maya*, mas *maya* é simplesmente a energia, o *shakti* da potência criadora. É o jogo mágico, o qual tanto esconde como revela a realidade.

Seguindo um pouco além, três tipos de movimento podem ser detectados. E novamente podemos nos referir à linguagem mística e poética das estâncias para verificar estes três tipos de movimento. Na quinta estância da "Cosmogênese", que descreve o terceiro estágio no processo cósmico, quando o conteúdo conceitual interno da Mente Universal co-

---

11 O Eu, o Ser. (N.E.)

meça a ser exteriorizado como uma forma universal, temos o símbolo do torvelinho de fogo, que narra a ação daquela energia primordial do *Fohat*. No *sloka* 1 da estância V, por exemplo, lê-se:

> "Os Sete Primordiais, os sete primeiros Alentos do Dragão da Sabedoria, produzem, por sua vez, a partir de sua sagrada Respiração circungiratória, o Torvelinho de Fogo."[12]

Agora, pensem nisso com muita clareza; isso pode ser visualizado. Podemos dizer que no princípio – e precisamos usar esse termo, um começo – é um despertar; vocês lembram que um dos motivos é uma espécie de despertar de um torpor, mas mantenham em mente que não se trata de um começo *ex nihilo* [13]. Existe um fluxo linear ou unidirecional do Alento criador, mas é como se esta propulsão linear provocasse uma resposta circungiratória na matriz. Como sabem, ao tangerem uma corda do violino, o que acontece? Vocês obtém semitons acima e abaixo da nota, não? As freqüências dependerão de onde for tangida a corda. Assim, há uma espécie de movimento circungiratório em volta desse fluxo direcional, e essa rotação do ser ao redor de si mesmo, se quiserem chamá-la assim, faz surgir uma tensão polar entre o centro e a circunferência. E incidentalmente isso nos ajuda a ver por que os dois pólos do ser não

12 *A Doutrina Secreta*, vol. I, pág. 156. (N.E.)
13 Do nada (*Ex nihil, nihil fit* - Do nada, nada sai). (N.E.)

se precipitam de novo um para o outro, pois apesar do desejo de se reunirem, esse mesmo movimento que traz à existência os opostos também age para dissociá-los. Cria-se um vórtice, uma circulação ao redor do seu próprio centro de consciência, com a borda do vórtice transformando-se num círculo delimitador do próprio Universo, do sistema manifestado. Logo, em cada sistema, há um "anel não-passarás"[14]. Vocês percebem como isso é criado? Não é porque haja alguém lá fora circunscrevendo um círculo, mas sim que a própria propulsão do Alento provoca essa rotação, esse movimento circungiratório, que cria o círculo como se impelisse de volta o Alento, impulsionando de volta a energia. A circunferência reflete a consciência irradiante de volta para ela mesma e preenche ou aparenta preencher o conteúdo rotativo do círculo com as imagens arquetípicas que são as primeiras objetificações da Mente Universal.

Assim sendo, podemos dizer que, ao redor da efusão original do Alento criador, produz-se o movimento de turbilhonamento da energia derivativa que resulta em uma consciência de si mesmo, a mistura unitária do conhecimento, do conhecedor e do conhecido. Esta combinação dos três tipos de movimento – efusão, influxo e circulação – produz aquelas alternâncias de tensão que, se quiserem, inscritas nos fluxos diretos como vibrações ou ondas, tornam aquelas vibrações perceptíveis como fenômeno ma-

---

14 Veja-se em *A Doutrina Secreta*, vol. I, pág. 176-180 "o Anel chamado 'Não-Passarás'". (N.E.)

nifesto. O Universo inteiro ressoa. E é interessante que um biólogo, que por acaso também é um membro da Sociedade Teosófica, tenha tido a coragem de postular uma teoria da produção das formas, referindo-se aos "campos de ressonância", que a morfologia situa-se num campo de "ressonância mórfica". Esse biólogo, Rupert Sheldrake, em seu primeiro livro, *A New Science of Life* – ele já lançou o segundo – demonstrou bem esse assunto.

Este movimento giratório, ao fazer surgir a seqüência, gera a sensação de tempo. E assim, por força da natureza seqüencial do tempo que nós experimentamos como a linearidade do tempo, a simultaneidade do não-manifesto é difundida como uma série de acontecimentos ou fenômenos isolados. E é a rotação que sustenta as formas integrando os conteúdos objetivos em totalidades unitárias. Por analogia, podemos reconhecer este processo repetido em nós mesmos na forma dos princípios da constituição humana circulando ao redor do ponto central que é a mônada humana, e o pensamento e a emoção circulando ao redor dos nossos próprios centros psíquicos. Existe uma passagem muito interessante no terceiro capítulo do *Bhagavad Gita*, quando Krishna está explicando para Arjuna a natureza dos atributos da matéria, aquelas qualidades que são chamadas as *gunas*; estas são as características pelas quais a matéria pode ser definida. Uma interpretação da explicação de Krishna é que os tipos de objetividade, *gunas,* deslizam dentro um do outro. É o deslizar de um sobre o outro que dá a aparência de estabilidade, e simultaneamente a sensação de tempo, com as suas mutações inevitáveis.

Portanto, sugiro que é bem possível reconhecer que podemos prosseguir, como H.P.B. sempre aconselhava seus estudantes a fazerem, com base na lei da analogia. Em nossos esforços para entendermos conceitos tais como *Akasha*, em termos da teia que é o Universo manifestado, e *Fohat* que sempre serve como se fosse uma ponte – um movimento de ligação dos níveis de complexidade – podemos passar do processo universal para o processo humano. Penso que devemos buscar em nós mesmos por aquela força ou energia fundamental que produz, mantém em existência, e novamente recolhe os numerosos conteúdos das nossas próprias psiques.

Há nas Estâncias um *sloka* muito misterioso que poderia ser aqui citado; é o *sloka* 2 da estância V. Diz ali: "O DZYU TORNA-SE FOHAT[15]"; depois segue afirmando que *Fohat* é o corcel, e o pensamento seu cavaleiro. "ELE ERGUE A SUA VOZ E CONVOCA AS INUMERÁVEIS CENTELHAS E AS REÚNE". Essa afirmação é extremamente interessante, e sua prova é encontrada em um documento muito importante do Mestre, geralmente citado como "As Notas Cosmológicas", que está publicado como um apêndice em *The Letters of H.P. Blavatsky to A.P. Sinnett*[16]. Ele se refere a *dzyu* como sabedoria em oposição ao conhe-

---

15 *A Doutrina Secreta*, vol. I, pág. 158. (N.E.)
16 Theosophical University Press, Pasadena, Califórnia. Primeira edição em 1925. (N.E.)

cimento. E H.P.B. declara em *A Doutrina Secreta* que "*Fohat* é uma coisa no Universo até agora não-manifesto, e outra no Mundo Cósmico e fenomenal"[17].

Então, o que significa isso tudo? Para simplificá-lo ao extremo, esse movimento inerente, que é a ressonância do Universo e de nós mesmos, é de fato a sabedoria em si. Quer dizer, o desatamento dos nós, se o quiserem, é nosso estabelecimento enquanto sabedoria. Não conhecimento, mas sabedoria. Sabedoria que, obviamente, é também compaixão; que é amor no sentido mais elevado; que é a reunificação de nós mesmos e de todas as coisas existentes; que, na verdade, como menciona Annie Besant em sua bela invocação "...está presente em cada átomo"[18]. Isso é esse amor, vida, sabedoria ocultos – presentes em toda parte. E então, quando essa potência levanta sua voz e chama as inumeráveis centelhas e unifica-as, trata-se desse dinamismo que está para sempre latente, o poder latente verdadeiro e definitivo do homem, obediente às leis que de fato ainda são desconhecidas. Desconhecidas porque nós ainda não as compreendemos; leis desconhecidas que temos de desvendar por nossa própria presença no Universo, enquanto portadores de consciência, como o reflexo dessa Seidade una absoluta.

É por essa razão que o terceiro objetivo da Sociedade Teosófica está redigido daquela forma. Esse

---

17 *A Doutrina Secreta*, vol. I, pág. 159. (N.E.)
18 Do mantra da unidade. (N.E.)

é o poder definitivo, latente em nosso íntimo. O *Dzyu* transforma-se em *Fohat*, ou seja, o portador desta energia através do sistema. Outra maneira de dizê-lo é: *sophos* torna-se *theos*. Ou: *theos* torna-se *sophos*. E, portanto, nós nos tornamos teosofistas...

Finalmente, para enfatizar isso, H.P.B. compara *Fohat* com *Eros*, essa força que nos impele em nossa experiência com os demais. E é interessante notar que sempre que uma pressão interna nos impulsiona a exteriorizar o nosso conteúdo psíquico, em qualquer atividade criativa, nós literalmente parecemos nos apaixonar ou por essa atividade ou pelo indivíduo que representa o nosso próprio outro polarizado. E esse movimento é uma espécie de "fascínio" da nossa própria natureza pela expressão. Como vêem, nós não parecemos ser arrastados, mas seduzidos. Algo parece destacar-se ali, além de nós mesmos – seja o fascínio pelo sexo oposto, o fascínio da riqueza e da fama, ou talvez a paixão absorvente pelo conhecimento. Mas surge uma espécie de febre íntima de desejo, o *Eros* divino, o dinamismo do Universo inteiro, e somos levados para dentro desse Universo, para dentro do mundo, pela promessa de vermos mais, conhecermos mais, sermos mais, até que "devoremos" o Universo, até que o assimilemos; e reconheçamos que devemos estar "conscientes" do Universo, porque todo ele está integrado numa dança cósmica – elétrons respondendo às estrelas do Céu, ambos refletidos na alma humana – a poderosa interligação de tudo o que é, aquilo que o *Rig Veda* denomina *rita*, a ordem harmônica do Universo. Existe um hino grego, era cantado nas escolas de mistérios, que se dizia ter vindo do Egito:

> "O Céu acima, o Céu abaixo
> Estrelas acima, estrelas abaixo
> Tudo o que está em cima, está também embaixo
> Compreende isso e seja feliz."[19]

E assim falou Krishna a Arjuna:

> "Aquele que sabe disso é um homem feliz."

19 Versão de C.G. Jung em *Psicologia do Inconsciente*, Ed. Vozes, 3ª Ed., 1983, pág. 118: "O Céu em cima, o Céu embaixo. O éter em cima, o éter embaixo. Tudo o que está em cima, também está embaixo. Compreende isso e alegra-te". (N.E.)

5

O mito das origens e do desenvolvimento do homem

Agora voltar-nos-emos mais diretamente ao estudo de nós mesmos. Estivemos analisando alguns dos grandes conceitos metafísicos relativos à origem e ao desenvolvimento de um Universo, e lembrem que é sugerido que, no mínimo, a intenção de *A Doutrina Secreta* – não apenas da obra de H.P.Blavatsky, mas da tradição esotérica em si – é despertar um novo tipo de consciência. Quando nos voltarmos, pois, ao material do segundo[1] volume, que trata da "Antropogênese", devemos manter bem claro na mente esse propósito central, caso contrário é provável que nos percamos em detalhes muito confusos.

O que eu espero que possamos ver é o veio central das nossas origens e desenvolvimento. A história oculta de nossas origens e desenvolvimento é, na verdade, um mito extraordinário. Esta é a história que sempre deve ser contada, todavia em termos metafóricos e poéticos. Às vezes, contudo, a história narrada nos 49 *slokas* do volume II[2] parece abusar da nossa

---

1 A edição original em inglês consta de dois volumes. Em 1938 houve uma reedição revisada que dividiu o primeiro volume (Cosmogênese) em dois (I e II), o segundo volume (Antropogênese) em dois (III e IV), e acrescentou mais dois volumes (V e VI) com textos que seriam possivelmente publicados nos volumes III e IV da edição original. A edição em português segue esta divisão em seis volumes. (N.E.)

2 Em português, volume III. (N.E.)

credulidade. A história que aparenta ser mencionada parece ser por demais fantástica e distante da nossa condição atual, para que seja julgada tanto confiável como relevante. Mas eu sugeriria que a importância desta parte dos dois volumes de *A Doutrina Secreta* reside em ser um guia para a nossa verdadeira natureza, não em ser uma história da evolução na superfície deste planeta. Por mostrarem as nossas origens, eles também nos indicam o caminho de retorno, não via rejeição da vida, mas pelo desabrochar dos nossos potenciais ainda inexplorados.

A nossa evolução física deve necessariamente fazer parte da história, mas além ou por trás dessa história específica – a evolução física – começamos a ver os tipos de acontecimentos que provêm e são representações simbólicas dos padrões da alma humana. Por mais que vocês queiram explicar a matéria, os homens do passado estão presentes em nós agora. Ou seja, os seus padrões psíquicos, se o quiserem, são os nossos. E de modo semelhante, os homens do futuro também se encontram em nosso íntimo. Portanto, os nossos estudos sempre são investigações de nós mesmos – como fomos, como somos e como seremos. Em última análise, se posso dizê-lo assim, devemos chegar a reconhecer que somos deuses. Os deuses existem dentro de nós – e também os demônios – mas é necessário um deus para ter-se um homem. Todos os mitos e as lendas antigas referem-se a este fato, e a tradição oculta nos recorda que é necessário um homem para ter-se um deus novamente.

Assim, uma das doutrinas verdadeiramente profundas da filosofia esotérica é aquela que diz que nós somos o repositório de todos os elementos que compreendem o Universo. Com certeza, isso não é plenamente admitido pela ciência contemporânea, mas está vindo a ser reconhecido pela psicologia, em particular por aquela linha que segue o trabalho de Carl Jung. Tudo reside em nós; nós somos o epítome de tudo o que é – o microcosmo do macrocosmo. Como diziam os filósofos gregos, somos "a medida de todas as coisas".

Além disso, a filosofia esotérica ensina-nos que também mantemos no íntimo a história de tudo o que já existiu, tudo o que podemos chamar de estágios "inferiores" do desenvolvimento pelo qual passamos. Por isso, somos o depósito, o repositório de todas as formas passadas e de todos os tipos futuros. Neste sentido, abandonamos as formas passadas à medida que fomos evoluindo através das eras, e cada uma delas transforma-se por sua vez naquilo que podemos chamar de um novo "estoque". Este conceito ou doutrina tem sido chamado de o conceito ou doutrina das "metamorfoses vitais", e é algo muito misterioso. H.P.B. refere-se a ele, não em *A Doutrina Secreta*, mas em outro texto, como a "transmigração dos átomos da vida".

Para entendermos tudo o que está inserido no que eu disse até agora, precisamos considerar o assim chamado "modelo de homem", isto é, o arquétipo do ser humano manifestado. Distinguir este arquétipo daquele do ser humano em manifestação; o modelo é chamado de "o Homem Celestial" em *A*

Doutrina Secreta. Para usar um termo que está muito em voga no momento, trata-se do "Paradigma divino". H.P.B. nos diz:

> "A doutrina ensina que a fim de transformarem-se no deus plenamente divino, até mesmo as inteligências primevas mais elevadas espiritualmente devem passar pelo estágio humano. E quando dizemos "humano" isso não se aplica meramente a nossa humanidade terrestre, mas aos mortais que habitam qualquer mundo, ou seja, àquelas inteligências que atingiram o equilíbrio adequado entre matéria e espírito como hoje temos, uma vez que a metade da quarta raça-raiz da quarta ronda já passou. Cada entidade deve ter conquistado por si mesma o direito de tornar-se divina através da experiência individual."

Portanto, tudo o que eu disse até agora está belamente resumido nesse único parágrafo, mas procurei apresentá-lo de uma maneira que talvez pudesse ser entendida com mais facilidade, principalmente porque H.P.B. menciona este assunto como sendo "demasiado místico" e por isso, o mais difícil de ser explicado em todos os seus detalhes e significados.

O que precisamos reconhecer é que o homem situa-se no termo médio da amplitude da existência. Há um *continuum* de existência, e o termo médio é a condição humana. Podemos dizer que o nosso *Self* essencial deriva da Raiz do *Self* não-manifestado e transcendental, e, mais uma vez, que nosso *Self* é a centelha individualizada da mente corporificada. Assim é em qualquer nível que abordemos o *Self;* afinal é somente em nós mesmos que encontramos qualquer ponto de referência experimental. É interessante que empreguemos a mesma palavra *"Self"* para muitos aspectos do movimento neste *continuum* da existência.

Vocês recordam que quando eu mencionei os motivos arquetípicos da criação, um deles era o de um assassinato em forma de ritual no qual a vítima é o homem divino. Em algumas culturas, isso permaneceu como um rito de assassinato. E depois, em certas culturas, surgiu o substituto, aparecendo assim o conceito de "bode-expiatório" sobre quem era colocada toda a carga do sacrifício em vez do homem em si. É interessante traçar de que modo este conceito continuou através da história, porque em um certo sentido nós ainda "assassinamos" uns aos outros. Imputamos ao outro toda a responsabilidade pelo que está enterrado em nosso íntimo. Não pensem que podemos escapar tão facilmente da culpa por esse assassinato ritual; é uma espécie de reflexo distorcido deste. Eu não quero prosseguir nisto, mas penso que vocês começarão a ver algumas das suas implicações.

No modelo arquetípico a vítima é o homem divino. Nas cosmogonias hindus, por exemplo, é *Purusha*, o primeiro homem, a pessoa original, quem está presente no formato do Cosmo. Ele possui mil cabeças e mil pés. Ele se estende para além do mundo e cobre o Universo inteiro; e a partir do seu corpo o mundo é criado. É fragmentado, e cada parte dele se transforma num aspecto do Universo. Temos isto até mesmo nas recordações da eucaristia cristã. Em todas as grandes tradições, existe esse ritual de assassinato do homem original, e ele está refletido em nós. Nossa tarefa central através de todos os eons de desenvolvimento pode ser postulada como a reagregação do homem original, o modelo arquetípico, um reagrupamento que é feito tornando consciente o Universo inteiro.

Se alguém estudar os grandes mitos referentes à emergência do herói, isto é, aquele que agora está reagrupando a sua própria natureza, poderá observar sete estágios no seu desenvolvimento. Proponho que, de algum modo profundamente misterioso, estes sete estágios correspondem ao que tem sido chamado de as "raças-raízes" na literatura teosófica. Este termo foi uma das escolhas mais infelizes. Não era um termo pejorativo no século passado; ele não possuía conotações ruins, mas estava ligado a um conceito muito profundo e com certeza não se referia a grupos étnicos, embora, infelizmente, tenha sido empregado desta maneira. Eu gostaria de tirar a expressão "raça-raiz" de toda a nossa literatura, porque, freqüentemente, tem sido mal interpretada.

Ela realmente se refere aos sete estágios de desenvolvimento através dos quais nós avançamos em nossa jornada cíclica. Em termos do mito do grande herói, estas etapas ocorrem dessa maneira. Pensei, neste momento, que vocês gostariam de saber como eles são definidos genericamente, e, portanto, analisaremos de que modo são descritos na tradição de *A Doutrina Secreta*. O primeiro estágio é conhecido como o "ladrão do fogo", o ladrão que rouba o fogo. Obviamente isso deve se referir à vinda da mente. O segundo estágio é o "sobrevivente do dilúvio". É claro que, neste caso, trata-se da natureza psíquica que pode invadir a consciência, e tem-se que aprender a sobreviver a isso. Pode-se ver isso hoje claramente naqueles que não estão sobrevivendo ao "dilúvio" do deslumbramento psíquico, que são dominados pelo fascínio do reino psíquico; porém o herói sobrevive a este estágio. O terceiro é conhecido como o "assassino do dragão". Tendo assassinado os dragões, digamos, da ganância, do ciúme – todos os dragões que surgem dentro de nós – o quarto estágio é o do "profeta" ou "instrutor". O quinto é o estágio do "semideus", e o sexto, o "divino bode-expiatório". Vê-se isto com muita clareza no mito de Christos. O sétimo, então, que está bem exemplificado pelo estágio do "estado de Buda", é o "Salvador do Mundo".

Desta forma, temos que ter em mente que estamos lidando com um relato simbólico dos movimentos psíquicos do nosso íntimo enquanto seres viventes. Conseqüentemente, todas as rochas e as águas, os pais e mães e assim por diante, na "Antropogênese", são ideogramas – símbolos dos padrões dos nossos seres interiores e exteriores. Assim, estou apreciando-o como o extraordinário mito que cada um de nós deve viver – e o modelo já está presente em nosso íntimo. Na tradução de um texto tibetano do Dr. Herbert Guenther – um dos principais estudantes da literatura tibetana, que a traduziu em sua obra *The Matrix of Mystery* – há uma afirmação muito bela que indica a presença deste modelo arquetípico, de todos esses estágios, em todos os seres existentes. Isto vai ser um pouco difícil, mas, por ser tão bonita, devo transcrevê-la por completo:

> "Em cada corpo de todo ser senciente reside o estado cognitivo pristino que tende a expressar-se como presença. Ele se enrola em seu próprio leito que é o *continuum* da existência, a "condição"[3] espontânea de ser."

Não é fácil! Mas vamos analisá-la, porque expressa uma profunda verdade. Em cada corpo de todo ser senciente existe o conhecimento original – aqui denominado "estado cognitivo pristino", mas trata-se do conhecimento original, da Mente universal primordial que está presente em todo lugar que tende para a expressão e vai em sua busca. Em seu próprio leito, no seu estado original, é como se ele estivesse enrolado em seu próprio ser, em sua própria natureza – que é o *continuum* da existência sobre o qual já falamos. Agora, o que também está sendo mostrado é que aquilo no qual estamos envolvidos é um processo de desdobramento, que é realizado através de sete estágios e assinala a vinda do Paradigma divino à expressão.

Aqui devemos notar um aspecto muito importante da doutrina esotérica; H.P.B. mostra que existem três esquemas de evolução que ela afirma estarem inextricavelmente entrelaçados e misturados em cada ponto no nosso sistema. Não podemos aprofundar-nos

---

3 No original em inglês: "*thereness*". (N.E.)

nisso, mas está lá em *A Doutrina Secreta*. O ponto a que pretendo chegar é que esses três são cognominados: o *monádico*, que diz respeito ao crescimento e desenvolvimento em direção a fases de atividade ainda mais elevadas das mônadas; em conjunção com o segundo fluxo, que é o *intelectual* – ou, se desejarem, podemos chamá-lo o "psicológico", porque abarca-o, ou a "alma", se quiserem outro termo – e o terceiro, que é o *físico*, a cuja volta, como afirmou H.P.B., a Natureza concretizou o corpo físico. E é este corpo que serve de veículo para todas as transformações que ocorrem nos outros dois.

Assim, H.P.B. afirma: "é a união destes três fluxos nele que torna o homem o ser complexo que ele agora é". O que estou mostrando é que o "desdobramento" é um processo de transformação, e a área ou o foco central da transformação é, na verdade, como indica H.P.B., o segundo fluxo, o "intelectual" – ou, como eu gostaria de chamá-lo, o "psicológico" – diz ela: "... representado pelos *manasa-dhyani's*". É no reino *manásico* que o nosso foco tem de estar. É, pois, sempre aquele em conjunção com a encarnação física; por isso é que "em cada corpo de todo ser senciente reside" esta capacidade de conhecer. E por isso o ensinamento é que nós realizemos todos estes estágios aqui na encarnação física; conquistemos a nossa imortalidade. Sobre o que estamos falando, nesse sentido, é a efetivação destes estágios a nível psicológico, mas, freqüentemente, nos *slokas* da "Antropogênese" parece tratar-se apenas de uma mudança da forma física, e, de fato, essa forma tem que acompanhar a transformação interior.

Neste ponto, eu faria também uma advertência. Não devemos pensar que os estágios são claramente demarcados; ocorre muita sobreposição. Há uma espécie do que se chama na teoria biológica atual de um "equilíbrio intermitente" que marca o processo do desenvolvimento evolutivo. Isto, conforme propõem alguns cientistas, implica que o desenvolvimento não é somente uma linha contínua mas que existe um movimento, e depois um salto repentino para um novo patamar de complexidade. E esta é denominada: a teoria do equilíbrio intermitente. Agora, há momentos também em que ocorre a associação de um estágio com o próximo.

Tendo-lhes apresentado os estágios em termos dos grandes mitos, examinaremos as características de cada qual. O resumo dos estágios está no *sloka* 39 da "Antropogênese". Ele não é fácil, mas apresenta todo o processo:

> "A Primeira (Raça) em todas as zonas era da cor da lua (branco amarelado); a segunda, amarelo-ouro; a terceira, vermelha; a quarta, de cor morena, tornando-se negra pelo pecado. Os sete primeiros rebentos (humanos) eram todos de uma só tez no princípio. Os seguintes (sete, as sub-raças) começaram a mesclar-se (suas cores)."[4]

Isto nos dá um resumo muito interessante e é claro que ele pode parecer bastante intrigante de início.

---

4 *A Doutrina Secreta*, vol. III, pág. 245. Estância X, "História da Quarta Raça". (N.E.)

Agora falemos um pouco sobre o uso das cores; a palavra sânscrita *varna*, que freqüentemente é traduzida como "cor" vale também para "figura, formato, aparência exterior". Ela significa ainda "caráter, natureza ou qualidade"; portanto, há uma ampla gama de significados para o termo que H.P.B. traduz simplesmente como "cor". Nunca devemos interpretar mal ou confundir estes estágios de desenvolvimento com pigmentação da pele. A lista das "raças coloridas", por assim dizer, representa a expressão objetiva e também a qualidade interna que está sendo expressa.

Dessa forma, temos que olhar bem de perto o que está implícito nisto; torna-se muito lógico, deste ponto de vista, dizer que o primeiro estágio é o "da cor da lua". Existe não só uma referência imediata à origem da forma física, isto é, que o corpo-modelo para a nossa onda de vida aqui foi uma dádiva dos *pitris-lunares*[5] ou pais-da-lua, mas também que o início do desenvolvimento humano teve sobre si uma espécie de obscuridade, uma espécie de resplandescência e um certo véu. Há quase uma transparência, e este é de fato o primeiro estágio em nosso desenvolvimento humano. É interessante pensar em termos da nossa própria busca incerta de significado. Há uma espécie de véu ao seu redor; às vezes é mais fácil percebê-lo quando pensamos nos outros do que em nós mesmos. Podemos pensar no embrião; aí está a correspondência. Inciden-

---

5 São as entidades mais adiantadas da Cadeia Lunar, os Senhores da Lua, encarregados de fornecer e guiar a evolução física do homem na Cadeia Terrestre. Ver *Glossário Teosófico*, Ed. Ground. (N.E.)

talmente as correspondências são iguais aos estágios completos de gestação e nascimento.

Fato interessante a observar também é que com cada um destes estágios afirma-se que um dos sentidos foi desenvolvido. Assim, diz-se que com o primeiro estágio de estrutura muito nebulosa, o sentido foi o do *som*. Vocês lembrarão o que eu disse sobre a teia conhecida como *Akasha*. Sua característica principal é o som, assim existe uma espécie de "sonoridade", uma espécie de ressonância com o som que é o Universo. Incidentalmente isto se repete outra vez no crescimento do embrião, esta pulsação, esta "sonoridade". É bem sabido, por exemplo, que no embrião da galinha surge uma pulsação antes de haver o órgão do coração e nos seres humanos também. A pulsação está ali antes de se formar o órgão da pulsação. É como se houvesse em nós neste primeiríssimo estágio uma espécie de vaga consciência da própria pulsação da vida em si.

O segundo estágio é tido como amarelo-ouro. Isso assinala um estágio mais avançado, por assim dizer; um declínio, se quiserem, no qual o brilho puro, a resplandescência, está começando a tomar forma, de modo que ocorre uma nova emissão de luz. E agora o brilho puro de certa maneira está ficando mais moldado. Podemos analisar novamente o sentido que é adicionado, pois se diz que o segundo estágio desperta o sentido da audição e do *tato*. O tato torna-se possível quando há uma densificação da forma.

Observem que o terceiro estágio, a cor a ele atribuída, é vermelha. É uma cor ou atributo muito interessante. À medida que o tato se desenvolve e a atenção se dirige para fora, ocorre uma percepção de outros, o aparecimento de um sentido de individualidade – na verdade não ainda a verdadeira individualidade, mas enquanto o tato se dirige para o exterior, há uma reação que é um estar consciente, uma reação de desejo ou aversão. Assim, podemos ficar vermelhos ou excitados com o desejo; este enrubescimento ou desejo resulta em um tremendo movimento adicional para fora. Agora queremos possuir ou reter, seja como for, ou afastar para o lado. E afirma-se que a sensação de *cor* é acrescentada. É interessante que H.P.B. não se refere ao sentido da visão, mas menciona os sentidos do som, do tato e da cor, porque a visão está velada pela cor. Somente nos estágios finais existe a visão real, a "visão interior"[6] – o estágio do Iluminado. Trata-se aqui da cor com que vemos o mundo, vemos os outros – a cores. E freqüentemente até no falar usamos a cor para expressar os nossos sentimentos. Às vezes dizemos que uma pessoa está "negra pela depressão". Usamos a expressão "sinto-me azul hoje"[7]. Ou ele está "vermelho de raiva". A nossa visão neste terceiro estágio, que é um estágio interessante – e lembrem-se de que nos mitos este era o estágio do "sobrevivente do dilúvio" – é a natureza emocional, psíquica. E o indivíduo que se transporta diz "vejo cores por toda a parte...!" Isto, se posso dizer assim, é uma espécie de "remanescente primitivo" de um estágio anterior de desenvolvimento. O

---

6 No original em inglês: *in-sight*. (N.E.)
7 Nas culturas de língua inglesa e outras, significando "está tudo bem". (N.E.)

que há de tão maravilhoso em ver cores? Essa ainda não é a "clara visão"; é simplesmente um evento fenomênico e não tem qualquer relação com a genuína visão espiritual. Quantos ficam aprisionados neste terceiro estágio! Porém, temos que ir adiante; temos que mergulhar no mais profundo do ser. Há um mergulho final no que podemos chamar de corporificação física plena.

Diz-se que o estágio seguinte, o quarto, é marrom; o qual, afirma-se, torna-se negro com o pecado. No grande mito gnóstico, "O Hino do Manto de Glória" – às vezes chamado de "O Hino da Pérola", como encontramos em um dos textos gnósticos – todo este processo do herói é a saída do reino divino para as terras do Egito. O Egito certamente simboliza a completa corporificação física, a terra de Al-Khem, onde a transformação deve começar a acontecer. E não devemos atribuir uma conotação moral à palavra "pecado", mas admitir que com o terceiro estágio, o do sentido da cor, surge inevitavelmente o sentido da opção. A tradição por isso nos diz que na metade do terceiro estágio houve o despertar de *manas*, o ingresso na forma nascente dos *manasaputras*, essa grande hierarquia criadora que agora poderia tomar posse da forma que tinha se desenvolvido. Os que estão familiarizados com *A Doutrina Secreta* conhecem alguns detalhes relacionados ao assunto, e aqueles que não estão, simplesmente, terão de se familiarizar! Com este despertar de *manas*, passa a existir opção e quando existe opção há conseqüências a serem enfrentadas. No "Hino do Manto de Glória" gnóstico, o filho que deixou a casa paterna, que foi enviado ao Egito para recuperar a pérola da sabedoria, sucumbiu à condição na qual muitos de nós nos encontramos – ele adormeceu. E naturalmente existem muitos sonâmbulos dentre nós. Ou, como no maravilhoso mito do herói, o mito de Parcival, temos Lancelot que se extravia várias vezes do reto caminho, e sempre tinha de ser lembrado que era possível retornar novamente a ele. Assim, a referência "negro pelo pecado" diz respeito a uma certa perda da visão; a um certo desvio da Senda. Vocês lembram que eu falei sobre o motivo arquetípico do fracasso. Mas o fracasso, como tentei sugerir, é uma necessidade absoluta para a condição humana. Ele é necessário para que a verdadeira inteconsciência seja despertada ou desenvolvida. É interessante, entretanto, que o sentido que deva ser despertado neste estágio seja o do *paladar*. E aqui está o comermos as maçãs das árvores que crescem no jardim...

É curioso que o quinto estágio seja marcado por tratar-se de uma mistura de cores; e esse é logicamente o estágio em que a humanidade hoje vive. Este é o ponto de interação entre o físico e a gama completa dos reinos mais sutis. Na verdade hoje nós estamos numa condição de mistura de cores. Todas estas qualidades, cores passadas, ainda estão presentes e bastante misturadas. No quinto estágio somos confrontados com a enorme tarefa de tentarmos purificar a nós mesmos, por assim dizer, como se tivéssemos que "desmisturar as cores". Este é um estágio muito desconfortável, um nível em que existe uma interação entre tudo o que é presente e tudo o que ainda está por vir, bem como com o passado. É o estágio no qual a mente, o princípio *manásico,* está realmente em foco e se transforma no elo entre a exteriorização mais densa da energia e a realidade espiritual ou *monádica* do nosso ser essencial. Na verdade, estamos pregados na cruz e divididos entre duas direções a seguir. Aqui está o genuíno sacrifício a ser feito. É verdade, não se trata de uma situação muito confortável esta em que encontramos a nós mesmos, mas é um estágio necessário.

Sempre me interessei pelo fato inegável de que o crescimento significativo do entendimento na atualidade parece estar no domínio que poderíamos chamar de "psicológico". A carta da UNESCO tem início com estas palavras surpreendentes: "Uma vez que as guerras começam nas mentes dos homens, é nas mentes dos homens que as defesas da paz devem ser erguidas". É aqui que nós estamos, e é desconfortável, não? Não é confortável estar partido entre todas estas divisões. E aqui estamos nós!

E, no entanto, sabemos que existem estágios ulteriores. Estranhamente, muito pouco é falado acerca do sexto e do sétimo estágios. Nenhuma cor é atribuída, de modo que só podemos postular que uma nova direção deve ser tomada. Temos de reconhecer que as cores estão presentes em nós mesmos, em termos psicológicos. E o trabalho a ser empreendido é uma espécie de purificação da coloração. Não se trata pois de ajustes a serem feitos nas circunstâncias externas do mundo em que vivemos; as circunstâncias externas não são o problema. O problema está em nosso íntimo. É o que nós vamos fazer para purificar a coloração de *manas*. As circunstâncias externas são um reflexo claro do estado interior da consciência da humanidade.

Daí o extraordinário trabalho que foi oferecido por H.P.B. aos seus estudantes. De fato, este ano não é apenas o centenário da publicação de *A Doutrina Secreta*, é o centenário de fundação de sua escola interna, a Escola Esotérica. Agora, por que ela fundou tal escola? Porque, disse ela, havia duas razões principais. A Sociedade Teosófica como entidade estava deixando de exemplificar a fraternidade para a qual havia sido fundada. Nós temos agido muito melhor? Em segundo lugar, devido ao malogro na compreensão da doutrina. E, falando rudemente, não temos agido muito melhor passados cem anos, quando as nossas lojas e grupos ainda falham ao estudar os ensinamentos.

Aqui está a nossa tarefa central: transformar a mente do homem, transformar ou redimir a mentalidade mundial. E só podemos fazê-lo, se tivermos transformado as nossas próprias consciências. Nós podemos passar a vida inteira realocando a mobília do mundo, na esperança de que com tal rearranjo possamos produzir uma nova ordem mundial, ou podemos empreender a mais difícil, porém realmente válida, tarefa que é a de despertarmos um novo tipo de consciência.

Agora, voltemos aos sentidos, porque isto é muito interessante. Eu comentei que se afirma que os sentidos assinalam, e eles assinalam deveras, o desenvolvimento destes estágios primários. Os sentidos do som, tato e cor para os três primeiros, o sentido do paladar para o quarto – e nós estamos experimentando todas os frutos, o bem e o mal, o conhecimento dos opostos. Afirma-se que o sentido a ser despertado no quinto estágio é o do *olfato*. Por que o olfato para o quinto estágio? Tem sido dito que, na linguagem do símbolo, o nariz e as narinas por onde respiramos representam a vontade e o livre arbítrio. O controle da respiração indica tanto uma restrição como uma disciplina da natureza física. O uso das narinas para cheirar simboliza a função do aspecto inferior da mente, discriminar aqueles aspectos ou qualidades da alma que devem ser transmutados em qualidades mais nobres ou superiores. Por esse motivo o ensinamento para a nossa época é, de fato, que o primeiro requisito é o discernimento. Podemos também recordar uma afirmativa de um dos Mestres ao escrever para o Sr. Sinnett: "Existe uma olfação moral bem como uma olfação física". Portanto, o olfato sempre tem sido definido como símbolo do discernimento daquilo que está abaixo, a fim de passarmos para o que está simbolicamente acima.

O sexto e o sétimo, diz-se, tratarão mais das leis psicológicas do que das físicas – o sexto sentido, que, com freqüência, tem sido chamado apenas de "intuição", tem a ver mais exatamente com a percepção da natureza íntima. O sétimo sentido é o da plena consciência da nossa unidade com toda a vida. De certo modo, ele recapitula o primeiro sentido num nível mais elevado. Agora se ouve "a voz do silêncio". E assim, o ciclo do nosso crescimento um dia estará completo.

Temos, pois, um magnífico panorama apresentado a nós sobre a totalidade do nosso possível desenvolvimento. O Paradigma divino reflete-se em formas que se tornam veículos desse processo íntimo da alma, pelo qual essa consciência residente pode vir a conhecer e compreender o significado da existência. Dessa forma, os desenvolvimentos são vistos como manifestações exteriores de um padrão íntimo. Por fim, essas manifestações exteriores devem ser assimiladas dentro de nós. Esta é a nossa tarefa, e ela não é fácil, mas é maravilhosa. Um futuro realmente glorioso descortina-se diante de nós se aceitarmos o desafio e a responsabilidade.

6

Ser e responsabilidade: a ética de "A Doutrina Secreta"

A nossa ênfase tem sido sobre *A Doutrina Secreta* simplesmente porque este ano assinala o centenário da sua publicação. Mas se pensarmos em cem anos ou mil anos, trata-se de meros números que não possuem um sentido intrínseco. O que importa é termos considerado conjuntamente alguns dos princípios fundamentais que caracterizam essa tradição-sabedoria. Não tive a intenção de que isto seja um simples exercício intelectual. Minha ênfase tem sido sobre o motivo central de que o que se exige é uma transformação da consciência humana. Não se trata apenas de uma nova maneira de pensar, embora ela esteja implícita, mas de um modo novo de estar no mundo. E isso significa que não estivemos falando simplesmente acerca de abstrações, mas sim sobre assuntos extremamente práticos.

Devemos verificar com muita profundidade qual é a natureza da nossa ação. Às vezes, parece ser mais fácil reordenar a mobília do mundo, mudar um pouco as coisas, do que tratar de nós mesmos. Gostaríamos de reformar todas as pessoas e deixamos de reconhecer que a reforma deve acontecer em nosso íntimo.

Penso freqüentemente na situação que é tão bem descrita no *Bhagavad Gita*. Arjuna representa cada homem; nós somos os Arjunas modernos – o Universo inteiro é uma espécie de Kalakshetra[1]. É um campo onde toda existência tem lugar, o campo dos *kurus*. E estamos envolvidos, penso eu, nesta batalha. O *Bhagavad Gita* inicia com uma afirmação notável. E acho que é algo sobre o que precisamos estar conscientes. No princípio, Arjuna está em um dos lados do campo apenas, e esse é o lugar em que nos encontramos muitas vezes, vocês percebem, num lado só. Olhamos para o outro lado do campo e enxergamos o que parece ser um exército formado contra nós, e projetamos nele os nossos sentimentos de hostilidade. Porém, Arjuna reconheceu que nesse exército havia amigos e parentes – que eram elementos dele próprio. E os exércitos que enfrentamos hoje são, de fato, os elementos da nossa própria natureza. Arjuna tinha um cocheiro, quer dizer, ele reconhecia a existência de uma autoridade interna a quem podia recorrer. É hora de reconhecermos que existe uma autoridade interna semelhante em cada um de nós e que, se ouvirmos com cuidado, compreenderemos qual a natureza da reta ação.

Por esse motivo, logo no início, Arjuna toma uma providência dramática. Ele diz ao cocheiro: "Leve-me para o centro do campo e que lá permaneça a minha carruagem". Somente quando nos move-

1 Como é denominado o campo de batalha no *Bhagavad Gita*. (N.E.)

mos para o centro, pode-se visualizar o campo inteiro. E temos que aprender a chegar ao centro. De fato, eu sugeriria que este é o princípio fundamental enunciado em *A Doutrina Secreta* – que devemos vir para o centro para, verdadeiramente, observar o campo da existência. E então, naturalmente, a sua indagação principal é: "O que devo fazer? Como devo conduzir a situação na qual me encontro?"

Não é esta a questão que nós todos fazemos em certo ponto ou outro? Logicamente o cocheiro, que é a autoridade ou guia interno, apresenta-o a esse campo. Podemos tornar-nos tão impacientes quanto ficou Arjuna; no decorrer do sexto capítulo do *Gita*, Arjuna diz com efeito – segundo tradução feita por mim, Joy Mills, – "Olhe aqui Krishna, acabe com toda essa filosofia. Tudo o que eu quero saber é o que se espera que eu faça!" E esta é a situação em que muitos nos encontramos. Acho que alguns de vocês podem ter dito: "Acabe com todo esse negócio metafísico sobre o qual estás falando! O mundo lá fora está pegando fogo e vamos sair daqui e fazer alguma coisa para apagar o incêndio!"

Krishna[2] dá a única resposta que os sábios sempre podem fornecer: "Tu deves ser responsável pelas tuas próprias ações". Na minha própria tradução muito rude do sânscrito, Krishna diz para Arjuna: "Meu filho, tu estás por conta própria". Por termos criado a situação em que nos encontramos hoje, de-

---

2 No texto referido, Krishna é o cocheiro, o Senhor. (N.E.)

vemos saber como resolvê-la, e tornarmo-nos responsáveis por nós mesmos. Tudo o que Krishna podia fazer era mostrar os princípios básicos fundamentais que governam toda ação. O modo pelo qual aplicamos esses princípios deve ser determinado por cada um de nós. O *Gita* termina no décimo oitavo capítulo com uma notável afirmação de Krishna, da qual todos deveríamos lembrar. Com efeito, ele diz para Arjuna, "tu agirás porque a própria natureza do teu ser é agir". Isto é, a própria natureza do ser humano é agir. Até mesmo a inação é um ato! Vocês não podem dizer "parem o mundo que eu quero descer!" Vocês são o mundo e devem agir. Vocês devem reconhecer que em um Universo de fenômenos, este Kurukshetra, este campo, cada ação está encoberta – e aqui ele emprega uma analogia maravilhosa – pela fumaça. Portanto, a tarefa à nossa frente é a mesma que se apresentou a Arjuna: saber como produzir o mínimo de fumaça, ou seja, agir de tal maneira que causemos o máximo benefício para todos. Não se trata nem de eximir-se da ação, o que na verdade é uma impossibilidade, nem de se jogar cega e impulsivamente para ela, mas de saber o que estamos fazendo – estarmos conscientes do que estamos fazendo a cada momento.

Devemos compreender que a ação não é apenas física. Ação é um movimento em qualquer nível da existência, e a ação deriva de uma determinada condição mental. Quando essa condição é ambígua e matizada por tudo o que é percebido, então a ação é inevitavelmente ambígua e matizada. Quando a mente está dominada pelo desejo e paixão, então, a ação torna-se de fato colorida por esses desejos e paixões. Repito, é uma questão de transformação da mente para que a consciência seja um campo nítido, para que ela esteja na condição de sua própria pureza essencial. E apenas por isso nós somos responsáveis.

A verdade não é uma propriedade da mente. Não se trata de uma propriedade dentre muitas, mas de uma mente que está estabelecida em sua própria natureza essencial. Uma consciência fundamentada e estável em seu próprio centro interior do ser, é uma mente na qual a verdade revela-se a si mesma. E essa verdade, essa natureza própria da autenticidade que é revelada, reconhece existir uma retidão que é beleza em todo lugar, que por todo lado existe uma ordem natural da existência. Quando se está em harmonia com a ordem ou beleza natural, age-se para produzir o bem. Na verdade, estas eram as três características do indivíduo estável segundo a filosofia de Platão: a verdade, a beleza, o bem. De modo que, quando se está assentado na autenticidade da existência, percebe-se a sua beleza ou ordem reconhecendo que tal sempre é o que podemos chamar de uma proporção correta das coisas – nunca expressando integralmente o Fundamento último, porque o fenomênico jamais pode exprimir por completo o numênico. Existe sempre uma espécie de névoa, mas, percebendo-se essa proporção correta, pode-se realizar o bem.

Portanto, nós podemos sugerir que a história simples narrada no *Gita* é a história completa do nosso trabalho. Estamos bem conscientes, tenho certeza, das graves crises que a humanidade hoje enfrenta. Estas crises têm sido várias vezes enumeradas. Como Arjuna, podemos nos perguntar com freqüência se somos apenas peões de algum gigantesco jogo cósmico. Mas a visão de mundo teosófica indica que podemos optar por agir significativamente para produzirmos uma fraternidade da humanidade. Há sinais de esperança a toda nossa volta.

Permitam-me contar-lhes uma história que pode ou não ser apócrifa. Refere-se à redação ou acordo da Constituição do meu próprio país. Nós acabamos de celebrar nos Estados Unidos o bicentenário de fundação da minha nação. Houve muitos problemas após a declaração de independência dos treze estados, e foi convocada uma conferência constitucional para verificar se havia algum meio de obter-se a unidade entre estes estados tão diversos e separados. George Washington foi eleito presidente dessa convenção, e as reuniões continuaram num verão sufocante na cidade de Filadélfia. Interessante notar que essa é a cidade cujo próprio nome significa “amor fraterno”. Por isso é que Filadélfia recebeu tal nome; foi a cidade do amor fraterno, como podem ver. Durante esse período da convenção constitucional, houve muitas argumentações e discussões acerca de inúmeros assuntos. Mas dela emergiu finalmente o documento que guiou o meu país no decorrer dos últimos duzentos anos. Entre os participantes estava talvez um dos homens mais sábios que já existiram, Benjamin Franklin. Ele era membro dos

Illuminati de então, que era a organização teosófica daquela época. E, indubitavelmente, por ter sido embaixador na França, ele havia entrado em contato com certos grandes seres, Adeptos.

Ao término, quando o documento finalmente tinha sido assinado por todos os participantes, Benjamin Franklin apontou para o símbolo que estava entalhado no encosto da cadeira na qual Washington sentara durante a convenção. O símbolo que fora entalhado no encosto da cadeira era um meio Sol emitindo raios. E Franklin disse aos delegados reunidos da convenção; "Houve momentos durante esta semana em que olhei para este símbolo e pensei que se tratasse de um Sol poente. Hoje, porém, sei que ele é um Sol nascente".

Se vocês analisarem o assunto, não existe distinção no modo como se pintaria um Sol poente ou nascente. Mas a maneira como o contemplam pode fazer toda a diferença do mundo... Podemos nos defrontar com as ruínas incandescentes de uma falida ordem social e econômica e dizer que a nossa civilização, como a conhecemos, é um Sol poente. Ou podemos reconhecer que a partir dela pode estar surgindo uma sociedade global e vê-la como um Sol nascente. Eu sugiro que a nossa responsabilidade é ajudar a fazer nascer uma tal sociedade global, e participarmos com o melhor de nossa capacidade na produção dessa nova ordem, que é fraternidade.

Existe o belo mito da Távola Redonda. Em um dos grandes mitos da lenda do Graal, afirma-se que os cavaleiros da Távola Redonda do Rei Artur estavam sentados ao redor dela na ordem habitual, quando, no castelo, adentrou Galahad, a voz daquele reino de puro ser, que despertaria os que estavam ansiosos por abandonar o conforto daquela távola e penetrar nas florestas da confusão e perturbação do mundo ao seu redor para buscarem a verdadeira sabedoria, por aquele Graal cuja natureza essencial é sabedoria e compaixão e no qual existe a presença curadora que conduz à totalidade. E, portanto, o chamado para abandonarmos o conforto estabelecido e a segurança de um estilo de vida superado chega para cada um de nós hoje em dia – para buscarmos nos caminhos do mundo, não nos retirando para a vastidão montanhosa dos Himalaias, mas sim entre a humanidade das ruas e avenidas das nossas cidades modernas, em meio a todo o conflito armado e à miséria do sofrimento humano, aquilo que irá curar todas as chagas humanas.

Existe, de fato, penso eu, um chamado genuíno que devemos ouvir, e, outra vez, *A Doutrina Secreta* aponta para o caminho onde podemos procurar – que nós também, como Parcival, um dia alcançaremos essa meta. E como mostra uma das versões da lenda, aquela de Wolfram von Eschenbach, então entraremos no reino do sacerdote João; esse reino é o reino dos Adeptos, esta poderosa fraternidade de "homens justos tornados perfeitos" cuja existência em si é o certificado da própria façanha da humanidade.

Esta é a nossa responsabilidade; não podemos nos esquivar dela. Podemos segui-la e adotá-la com alegria e leveza. Os cavaleiros da Távola Redonda estão presentes em nós – como Galahad, nós podemos tropeçar no caminho. Como Lancelot, podemos cair muitas vezes e nos afastar da Senda que conduz ao Graal. Como Boros, podemos nos arrastar firmemente na sua direção; como Galahad podemos afinal alcançá-lo. Quando Galahad anunciou a busca aos cavaleiros reunidos, está escrito que cada qual levantou e foi sozinho para a floresta, para aquele lugar onde ele visualizou o caminho mais cerrado. Que maravilhosa afirmação da grande verdade de que os caminhos são muitos, de que cada um de nós tem de encontrar a sua própria rota de serviço, a sua própria senda da busca, onde ele acha que a necessidade talvez seja maior. Mas o Rei Artur, representante daquele *Ātman* supremo, alertou os cavaleiros ao partirem: "Muitos cairão na busca, e o fim pode não ser alcançado com a brevidade que imaginam".

Hoje existem muitos que estão procurando atalhos na Senda ou que são capturados na floresta dos fenômenos psíquicos e são apanhados pelos espinhos dos arbustos deste tipo de região. De fato, existem os que caem; todavia o fracasso não deve ser repudiado, pois tudo o que temos a fazer é levantarmo-nos e desembarçarmo-nos dos espinhos dos encantos psíquicos que nos capturaram e continuar na busca.

Portanto, a missão se coloca à nossa frente; é uma bela missão. Bem no início de *A Doutrina Secreta*,

H.P.B. fez uma afirmação que provavelmente descreve tanto a situação atual quanto a da época em que ela viveu. Ela escreveu:

> "O mundo de hoje, em sua tresloucada corrida para o desconhecido, que é prontamente confundido com o incognoscível, está progredindo com rapidez no plano material da espiritualidade. Neste momento ele se transformou num verdadeiro vale de discórdia e conflito. Uma necrópole, onde estão sepultadas as aspirações mais elevadas e mais sagradas da nossa alma-espírito."[3]

Uma necrópole, obviamente, é uma cidade de mortos. Podemos dizer que vivemos em cidades assim nos dias atuais. Os mortos-vivos ou sonâmbulos estão em toda parte, e ela nos é dada – incidentalmente a nós que somos os herdeiros dessa grande tradição-sabedoria, a nós que tivemos até mesmo permissão para vislumbrar uma ponta ou fragmento desta Religião-Sabedoria – não para que a guardemos para nós, nem para que nos percamos em discussões acerca de detalhes, mas sim para que ajudemos a despertar, ou melhor, despertar novamente aquelas "aspirações mais elevadas e mais sagradas da alma humana".

Essa é uma missão muito mais difícil, e de necessidade bem mais urgente do que as simples tarefas de reordenar a mobília do mundo. Significa sacrificar

3 *A Doutrina Secreta*, vol. I., pág. 47. (N.E.)

tudo o que pensamos ser, mas, realmente sacrificar o eu individual no altar da sabedoria e da compaixão. É isto, eu diria, o que somos instados a fazer. Reconhecê-lo, como escreveu um dos Instrutores-adeptos ao Sr. Sinnett, "visto que só existe esperança para o homem no próprio homem, eu não deixaria chorar alguém a quem eu pudesse salvar". E, conseqüentemente, ele acrescentou: "é nossa responsabilidade, é o dever de cada homem que seja capaz de um impulso altruísta, fazer algo por seu[4] bem estar". Mas o que é que devemos fazer? Não se trata de erradicar os efeitos das más ações, mas investigar as suas causas; e as causas estão na consciência humana. H.P.B. escreveu em *A Doutrina Secreta*:

> "O único paliativo para os males da vida é a união e a harmonia – uma fraternidade verdadeira, e altruísmo não só aparente. A supressão de uma única causa prejudicial eliminará não uma, mas uma variedade de efeitos nefastos. E se uma fraternidade, ou até mesmo várias fraternidades, não forem capazes de impedir que ocasionalmente as nações se degolem umas às outras, ainda assim a unidade no pensamento e na ação, e a investigação filosófica acerca do mistério do ser, sempre evitarão que alguns criem causas adicionais em um mundo já tão repleto de dor e maldade."

Portanto, estudar *A Doutrina Secreta* – tanto os volumes com esse nome, e mais ainda aquela tradi-

---

4 Do outro, e assim também de si mesmo. (N.E.)

ção eterna que é a Doutrina – não simplesmente ler os livros, porém indagar, experimentar, estudar na verdadeira acepção do termo, é engajarmo-nos nessa "investigação filosófica acerca dos mistérios do ser"; e, desta forma, reconhecer a nossa profunda responsabilidade na solução das causas da miséria. E, conforme disse um dos grandes pensadores do meu próprio país, Henry David Thoreau:

> ".. apor a marca da nossa imortalidade sobre cada incidente passageiro da vida quotidiana."

Creio que essa é a verdadeira comemoração do centenário de *A Doutrina Secreta*. Essa é uma atitude que transformará o nosso mundo. Que tornará o nosso Sol poente em um Sol nascente...

Leia Também:

FUNDAMENTOS DA FILOSOFIA ESOTÉRICA

H.P. Blavatsky

O presente livro consiste de uma compilação dos escritos de Helena Petrovna Blavatsky, a grande ocultista russa que viveu no século passado. Extraído principalmente de suas grandes obras – Ísis Sem Véu e A Doutrina Secreta – o livro apresenta as idéias centrais da Filosofia Esotérica, da sabedoria oculta nas grandes tradições filosófico-religiosas da humanidade.

Fundamentos da Filosofia Esotérica lança luz sobre a natureza do genuíno esoterismo, o qual conduz da ilusão à verdade espiritual, da ignorância à sabedoria que transforma a existência humana e nos leva a compreender o significado interior da vida.

ESTUDOS SELETOS EM "A DOUTRINA SECRETA"

Salomon Lancri

Esta obra é uma leitura muito valiosa para todos os interessados no estudo da tradição esotérica e dos textos de Blavatsky. Seu autor procurou reunir os pontos essenciais dos princípios fundamentais de *A Doutrina Secreta*, apresentando correlação de termos e o significado de conceitos centrais.

Mostra-nos o papel da flexibilidade da mente e a importância de interligarmos a terminologia de diferentes sistemas da filosofia esotérica no Oriente e Ocidente, o que traz à tona o caráter holístico da Religião-Sabedoria.

VIVEKA-CHŪDĀMANI

A Jóia Suprema da Sabedoria

Sankara

Um excelente texto da filosofia Vedanta *Advaita,* de Sankarāchārya, um dos maiores pensadores do Oriente. Sankara e Buda são os dois principais nomes da filosofia da Índia. Nesta obra, são apresentados os princípios fundamentais da Vedanta, que é derivada dos *Upanishads.* Há destaque para a identidade entre o Espírito em nós (*Ātmam*) e o ser Universal (Brahman) e para uma prática vivencial transformadora. Um tratado para iniciantes e para o estudo avançado.

PREPARAÇÃO PARA YOGA

I.K. Taimni

Coletânea de textos do Dr. I.K. Taimni trazendo uma abordagem introdutória e fidedigna do que é a verdadeira yoga. São indicados os pré-requistos fundamentais à prática desta Ciência e apresentada uma visão geral da *Raja-Yoga* à luz dos *Sūtras* de Patañjali.

Neste livro, o leitor encontrará as indicações necessárias para iniciar os passos preparatórios no Caminho da *Yoga*.

SABEDORIA ANTIGA VISÃO MODERNA

Shirley Nicholson

A publicação de A Doutrina Secreta, de H.P. Blavatsky, em 1888, representou um verdadeiro marco no renascimento da tradição esotérica.

Hoje, passados mais de cem anos, notamos um crescente interesse em coisas tais como meditação, Yoga, medicina holística, rituais, física subatômica etc., o que atesta a emergência de uma nova cultura, bastante receptiva aos princípios da sabedoria Antiga.

Em *Sabedoria Antiga* e *Visão Moderna,* a autora faz uma reapresentação dos princípios teosóficos fundamentais, mostra sua sintonia com os avanços científicos contemporâneos e salienta que "essas idéias eternas possuem uma energia, uma vitalidade que é capaz de inspirar aquele que as investiga".

REGENERAÇÃO HUMANA

Radha Burnier

Este livro contém conferências e debates realizados no Centro Teosófico de Naarden, na Holanda, em 1991. É um convite para uma séria investigação sobre a possibilidade da regeneração da mente humana. A fonte da energia espiritual está no próprio homem e a mudança na sociedade terá uma base sólida quando substituirmos o egoísmo pela fraternidade e compaixão.

A regeneração deve ser algo constante, uma contínua alquimia interior. É uma mutação na perspectiva e no modo de ver o mundo – a mente terá de tornar-se nova e ver o mundo a partir do ponto de vista da unidade. Como diz a autora, 'uma mente sem distinções é uma mente regenerada' .

Impresso nas oficinas da:

Artgraf
editora e
artes gráficas
ltda.

SIG - Quadra 6 - Lote 1235
Fone: (061) 225-3317